強く、しなやかに

――回想・渡辺和子

山陽新聞社
渡辺和子
編著

山陽新聞社

教壇から学生たちに話しかける渡辺和子さん＝2015（平成27）年10月、ノートルダム清心女子大

陸軍教育総監になったころの父・錠太郎（左）と。屈託のない2人の笑顔に仲の良さが伝わってくる＝1935（昭和10）年夏、東京・荻窪の自宅庭

在りし日の父と。自宅庭の菜園でトマトの収穫＝東京・荻窪の自宅庭

渡辺一家（左から次兄・恭二、父、長兄・誠一、母・すゞ、渡辺さん、めい・理子、姉・政子）＝1930（昭和5）年ごろ

雙葉高等女学校2年、14歳の時

成蹊小2年、7歳の時＝東京・荻窪の自宅庭

雙葉高女時代の16歳の時。成蹊小時代の恩師（右）とともに＝1943（昭和18）年

思春期の雙葉高女時代、心に深い悩みを抱えていた

戦後の耐乏生活を強いられた聖心女子学院専門学校（国語科・3年制）のころ＝1947（昭和22）年3月18日

雙葉高女時代、洗礼の背中を押してくれた恩師、マダム（右）とともに

新制·聖心女子大に編入したころ（第2列右から2人目）

聖心女子大の第1回卒業式で答辞を読み上げた（前列左）。隣は元国連難民高等弁務官の緒方（旧姓·中村）貞子さん。渡辺さんは日本語で、緒方さんは英語で答辞を読んだ＝1951（昭和26）年3月15日

派遣先の米国から帰国。母、次兄家族との久々の再会に笑みがこぼれる（右から2人目）＝1962（昭和37）年夏、東京・吉祥寺、ナミュール・ノートルダム修道女会東京修道院

ロイド眼鏡がよく似合う。運転免許証用に撮影したという

36歳の若さで学長に。その笑顔の裏で、就任当初は思い悩んでいた＝1964（昭和39）年ごろ、ノートルダム清心女子大

旅先のオーストラリアでコアラを抱いてにっこり=1989（平成元）年7月

大学の体育祭で学生とプレーする若き日。少女時代から卓球が得意だった=1963（昭和38）年7月10日、ノートルダム清心女子大

シスター・メリー・リンスコット（ナミュール・ノートルダム修道女会元総長）と=1989（平成元）年9月、倉敷美観地区の旧大原家住宅前

壁画「NDSU」(260×706cm・タイル)。ノートルダム清心女子大学のイニシャルをデザイン化している。大学の創立20周年を記念して1969(昭和44)年に新築された中央研究室館(現・ジュリーホール)1階ラウンジにある。洋画家で同大教授を務めた故・竹内清氏が制作した

寄付金を手渡すため、マザー・テレサ（中央）を訪問。再会を喜び合った（左）＝1996（平成8）年11月13日、インド・カルカッタ（現・コルカタ）、修道会本部

「強く、しなやかに　——回想・渡辺和子」　目次

第二部　敗戦を越えて

第三部　岡山の地で

第四部　よりよく生きる

折々の記――理事長として　学報「Bulletin」より

強く、しなやかに

――回想・渡辺和子

本書は「強く、しなやかに　渡辺和子と戦後70年」と題し、二〇一五（平成二十七）年二月二十六日から同年十一月二十九日まで山陽新聞朝刊に連載したものを単行本にまとめたものです。本文中の年齢や肩書などは新聞掲載時のものをそのまま使わせていただきました。掲載日は巻末に記してあります。

この連載企画に加え、ノートルダム清心女子大学学報「Ｂｕｌｌｅｔｉｎ」に掲載された渡辺和子理事長の巻頭言からの抜粋を「折々の記——理事長として」と題して収録しました。

序章「二・二六事件」を訪ねて

昭和史に残るクーデター未遂事件、二・二六事件は国のその後の運命に大きな影響を与えた。当時九歳だったノートルダム清心学園理事長の渡辺和子さん（88）にとっても波乱の人生の幕開けだった。その足跡をたどる前に、事件を振り返る。

荻窪界隈　衝撃のクーデター勃発

＜ひどい大雪で、外は六寸か七寸は積もっていた。風呂は混んでいなかったが浴客の話し声が大きく響いていた。光明院の裏通りにいる渡辺さんが機関銃で撃たれて……＞

東京・荻窪に住んでいた作家の井伏鱒二は、自伝風の随筆「荻窪風土記」に二・二六事件の衝撃を書き留めている。

この日、東京は三十年ぶりの大雪だった。一九三六（昭和十一）年二月二十六日未明、旧陸軍の青年将校らが率いる千四百人余の部隊が首相官邸や政府要人の私邸を襲撃。永田町一帯を占拠し、天皇親政による「昭和維新」を訴えた。昭和天皇の側近である斎藤実内大臣や高橋是清蔵相が殺害され、郊外の荻窪に住んでいた陸軍大将の渡辺錠太郎《じょうたろう》も標的となった。

井伏は昼すぎに銭湯で事件を知った。当日のただならぬ緊張感を伝える「風土記」には、地域住民のうわさ話も多く出てくる。


「この辺りは戦災を免れているからまだ当時の面影が残っています」

杉並区立郷土博物館の学芸員、森泉海さん(29)の案内で荻窪界隈《かいわい》を歩いた。

JR荻窪駅から住宅地図を手に西へ、閑静な住宅街の狭く、入り組んだ路地を行ったり来たりしているうち、旧渡辺邸のあった坂の上に出た。今はマンションが建っている。ここから井伏宅までは北へ約六百メートル。幹線道の交差点を挟んで反対側になる。

〈花火を揚げるような音がした〉

井伏は朝刊を取りに起き、再び横になっていてその連続音を聞いた。駅前のマーケットの安売りを知らせる花火だと思ったと記している。

当時、近くには井伏を師と仰ぐ太宰治が住んでいた。荻窪周辺には二・二六事件の理論的指導者として逮捕され、刑死した北一輝や、後に首相として戦争遂行への体制を整えることになる近衛文麿も居を構えていた。

錠太郎は渡辺和子さんの父である。

当時、陸軍教育総監の要職にあった。天皇に直隷し、陸軍大臣、参謀総長と並んで軍の「三長官」と呼ばれた。軍内の重要案件や人事は全て三人の合議で決めていくことが慣例だった。

父・錠太郎

解体される前の旧渡辺邸＝東京・荻窪（杉並区立郷土博物館提供）

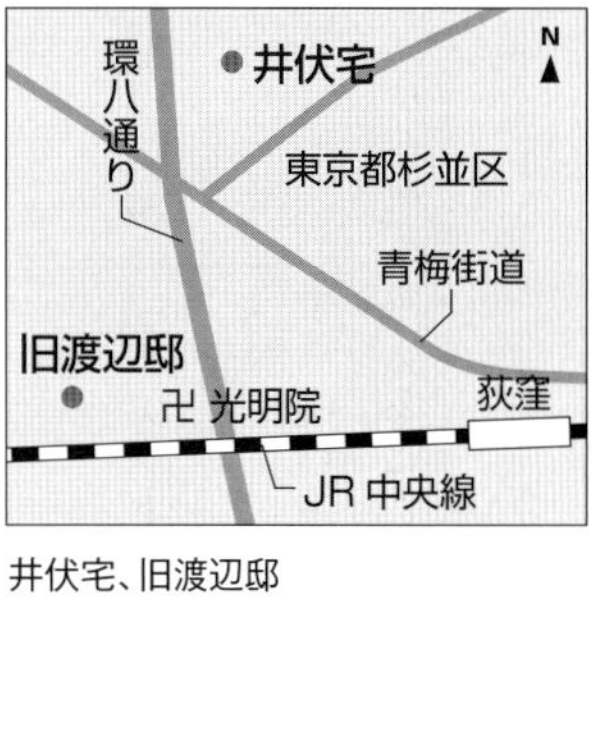

井伏宅、旧渡辺邸

事件の背後には、世界恐慌後の大不況下、政党政治の腐敗や血で血を洗う陸軍内部の派閥争い、急進的な国家主義運動などさまざまな要因が渦巻いていた。

錠太郎は教養と気骨を兼ね備えた武人として知られ、天皇の権威を利用して勢力を拡大しようとしていた軍の一部に対しては厳然とした態度で臨んでいた。ドイツやオランダに武官として駐在し、第一次世界大戦後の欧州の疲弊ぶりを目の当たりにした経験から〈軍の本務は非戦平和の護持にあり〉と主張していたことにも青年将校らは強く反発していた。

「事件で人の命のもろさ、はかなさを幼心にも焼き付けられました。人が人間の分際を忘れ、一つの主義に走ってバランスを失ったとき、どんな恐ろしいことが起きるのか。父が身をもって教えてくれたと思います」

渡辺さんはそう話す。

昭和史最大の流血のクーデターは四日間で鎮圧されて未遂に終わった。だが、事件後、軍部の政治介入が強まり、日本は世界から孤立を深めながら軍主導の国家体制へと向かう。そんな不穏な空気をかぎ取っていたのだろう。井伏は「風土記」にこんな感懐を記している。

〈事件があって以来、私は兵隊が怖くなった。おそらく一般の人もそうであったに違いない〉

歴史の証人　「岡山」との不思議な縁

東京・京王井の頭線永福町駅のほど近くにある杉並区立郷土博物館。厳重な二重扉を開けて板張りの倉庫に入ると、正面奥の一角に段ボールで梱包《こんぽう》された扁額《へんがく》や毛布に包まれた家具類がまとめて置かれている。

一九三六（昭和十一）年の二・二六事件で凶弾に倒れた陸軍大将、渡辺錠太郎の私邸にあったものだ。殺害現場となった部屋の欄間や障子などもここに保管してある。

木造二階の邸宅は事件の四年前、同区荻窪に建てられた。運良く戦災を免れたが、老朽化のため二〇〇八年に取り壊された。その際、地域住民から保存を求める声が上がった。

常設展示はしていないが、軍部の政治介入と威圧が強まる契機となった歴史の証人として区指定の有形文化財になっている。

弾痕が残る座卓＝杉並区立郷土博物館蔵

銃弾の痕が残る座卓は今も事件を生々しく伝える。

薄い竹ひごを編んで作った素地に漆を塗り重ねた籃胎《らんたい》漆器の座卓は縦九十一センチ、横百二十センチ、高さ三十三センチ。玄関から入って正面奥の十二畳の居間に置き、夜は部屋の隅に立てかけて布団を敷いた。

次女で末っ子の渡辺さんは当時、両親と三人、いつもこの部屋で「川」の字になって寝ていたという。

反乱兵が軽機関銃を乱射した際、渡辺さんは座卓の陰に身を隠し、わずか一メートルの距離から血に染まった父の最期の一部始終を見ていた。

「私はじっと身を縮めて一切声を出しませんでした。座卓に流れ弾が二発ほど当たりましたが、貫通しなかったため助かりました」

歴史の現場を訪ねてみると、この土地と「岡山」が不思議な縁で結ばれていることに気づく。保存資料の中には、家屋を解体する時に見つかった棟札がある。一家の繁栄を祈念して屋根裏の柱に打ち付けられた。そこには、設計者である柳井平八の名前が記されている。

柳井は井原市の出身。陸軍技師を務め、宮家や靖国神社の建築物などを手掛けた。大原美術館（倉敷市）を設計した総社市出身の薬師寺主計《かずえ》の知遇を得て、その能力を発揮した。岡山市東区瀬戸町出身で陸軍に一大閥を築いた宇垣一成の邸宅も柳井の建築である。

柳井は杉並区の住人だったから、同館は〇九年と一〇年（会場・分館）の二回、それぞれ二月末から約三カ月間、特別展「二・二六事件の現場　渡辺錠太郎邸と柳井平八」を開いた。期間中、渡辺さんの記念講演会もあり、館内に行列ができるほどの盛況だったという。

「岡山と杉並区とは意外なところで縁が深いですね。実は私の先祖も山陽町（現・赤磐市）の出です」。激動の昭和史を伝える二・二六事件とともに、二人の足跡にもスポットを当てた特別展を企画した寺田史朗館長（60）は話す。

事件から二十六年後の一九六二（昭和三十七）年、父の死を見届けた九歳の少女は、岡山の女子大に赴任することになる。

あの日「最期みとれ幸せだった」

JR岡山駅西口の北。ノートルダム清心学園（岡山市北区伊福町）のキャンパス群は静かな住宅地の中にある。渡辺さんが、理事長室で古いアルバムを広げた。

あの日――。七十九年前の二月二十六日の光景を忘れることはない。

外は銀世界。雪が縁側の高さまで積もっていた。耳をつんざく銃声と怒号が朝の静寂を破ったのは午前六時ごろ。軍用トラックに乗り込んで来た三十数人の反乱兵が、玄関のガラス戸に無数の銃弾を浴びせた。

〈和子はお母さまのところへ行きなさい〉

玄関から広間を隔てて奥の居間。一緒に寝ていた父・錠太郎は、おかっぱ頭の娘を揺り動かして手短に言った。

このとき九歳。二週間ほど前に誕生日を迎えたばかりだった。

眠い目をこすりながら部屋を飛び出した。だが、母・すゞは娘に構っていられない。

〈帝国軍人が土足で家に上がるのは無礼でしょう〉

気丈にも仁王立ちになり、兵士たちを制止している。その母を見て仕方なく居間に引き返した。腹ばいになって拳銃を構えていた父は一瞬、困惑の表情を浮かべたが、すぐさまそばに立てかけてあった座卓の後ろに隠れるよう、目で促した。

銃声がとどろいたのは、その直後だった。襖《ふすま》から銃口だけをのぞかせた軽機関銃が一斉に火を噴いた。数人の兵士が塀を乗り越えて裏庭に回り、雨戸の開いた縁側から隣の茶の間に上がり込んでいたのだ。

父は何発か応戦したものの、むなしい抵抗だった。四十三発もの銃弾を体に打ち込まれ、天井まで血と肉片が飛び散った。動けなくするためだろう、狙い撃ちされた足は無残にも骨と皮だけになっていた。

使用された軽機関銃は、陸軍大将（教育総監）の父がかつて進言して導入したものだった。立ちこめる硝煙の臭い。雪の上に点々と滴り落ちた鮮血。検視後、包帯でぐるぐる巻きにされた父の姿とその額の冷たい感触……。

それは、今でも脳裏に焼き付いている。

二・二六事件は日本がファシズムの道をひた走り、やがて太平洋戦争へと突入していく転機となる。その後の長い道のりを、渡辺さんはシスター（修道女）として、教育者として、人の心に寄

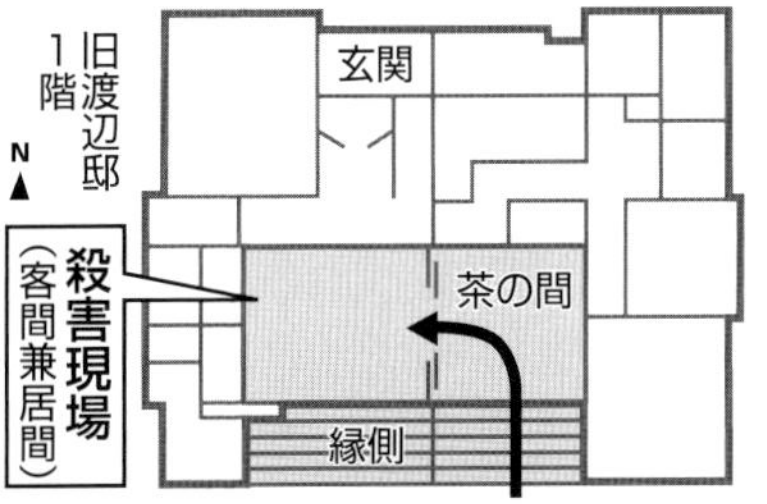

自宅で行われた父の密葬。まだ事件は解決しておらず、首都には戒厳令が敷かれていた＝1936（昭和11）年2月28日

り添ってきた。

「今思えば、たった一人で父を死なせることなく、その最期をみとることができたのは幸せでした。戦後、相手（事件を起こした青年将校ら）のご遺族もずっと苦しい思いをしてこられた。決して自分だけが苦しかったわけではないですから」

いつもの通り、穏やかな口調。ひと呼吸おいて付け加えた。

「人間には戦争を引き起こす力があると同時に、平和をつくり出す力があることも忘れてはならないと思いますよ」

最愛の父を失った少女が、その試練を乗り越えていくには、長い年月の葛藤があったに違いない。

第一部　戦渦の中で

誕生秘話　複雑だった両親の胸中

＜師団長に孫の生まれたためしはあっても子が生まれるのは珍しい＞

そう、周りから言われたという。

ノートルダム清心学園理事長の渡辺和子さんが生まれたのは一九二七（昭和二）年二月十一日、紀元節の日だった。その時、陸軍中将の父・錠太郎は五十二歳、母・すゞは四十四歳。父は前年三月、陸軍大学校（東京）の校長から北海道・旭川の第七師団長に転じたばかりだった。

錠太郎の年齢からして第七師団長は今でいう上がりポスト。ここを最後に軍職を去る人が大半だったから、みんな驚いた。

きょうだいは二十二歳違いの姉・政子を筆頭に、六歳離れた長兄・誠一と三歳年上の次兄・恭二の四人。妊娠中の姉は同じ年の九月にめいになる長女・理子《みちこ》を出産している。

母は当初、世間体を気にして産むことをためらったが、父はこう言って背中を押した。〈男が子を産むのはおかしいが、女が子どもを産むのに何の恥ずかしいことがあるものか。産んでおけ〉と。

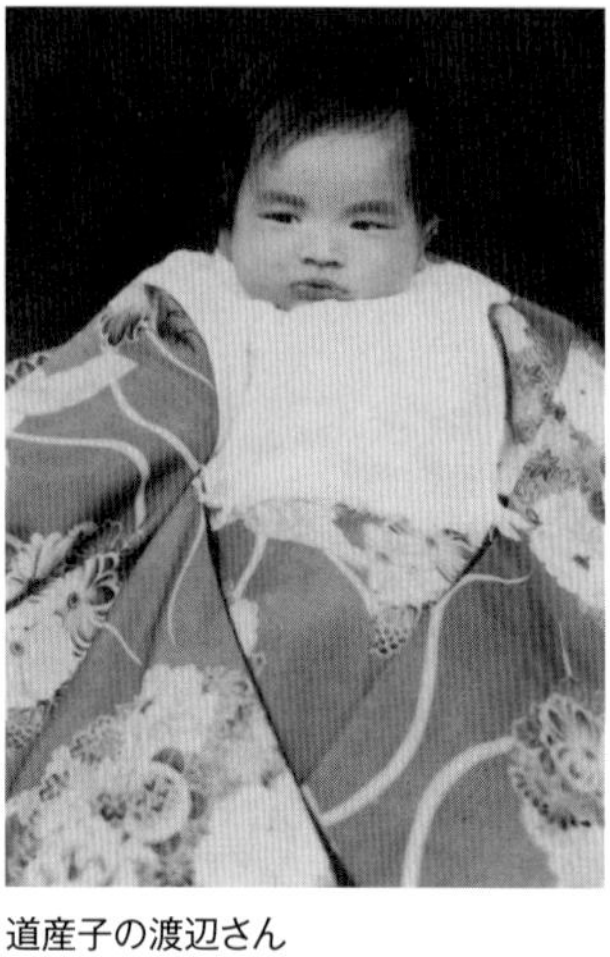

道産子の渡辺さん

「その時の母の複雑な気持ちを思うにつけ、あらためて今自分がここにあるのは、自分だけの力ではないことを知らされます」

しかし、幼いころはそんなことは考えもしなかった。

「母親の気持ちは胎児に伝わるのかもしれません。そのせいか、子どものころは母より父の方がずっと好きでした。父もおそがけの（年をとった時にできた）子とは長く一緒にいられないと思ったのか、目に入れても痛くないほどかわいがってくれましたから」

小学校に入ると、父は膝の上に乗せてよく論語を読んでくれた。書斎に顔をのぞけると、笑顔でそっと自分だけにお菓子をくれた。
それは二人の兄がひがむほどだったという。

末娘の誕生を心から喜んだ父も当時、軍人としては失意の底にあった。陸大校長から第七師団長への転出は明らかに左遷だった。それは校長の在位期間がわずか十カ月だったことからも推察できる。理由は父が非戦論を唱えていたからだ。
＜戦争は勝っても負けても国が疲弊するだけ。軍備はしっかりしないといけないが、戦争だけはしてはならない＞
これが父の口癖だった。若いころ、ドイツやオランダで駐在武官を務め、第一次世界大戦後の欧州の惨めな姿をつぶさに見てきた経験から確信していた。
＜もう歩兵の時代ではなく、航空の時代だ＞
こういった発言も当時としては時期尚早で疎んじられたのかもしれない。
旭川時代の父は慰みに近くのお寺で書道を習っていた。出身地の愛知に帰り、農業をして暮らそうかと本気で考え、親類の人にも相談していたらしい。
父の胸中もまた複雑だったのだ。

学者将軍　給料の大半を書籍代に

「少年時代から一つこれと決めたら脇目を振らずにやり抜く、努力の人だった。負けん気も相当強かったと思いますよ」

父の錠太郎は愛知県小牧市の出身。家が貧しかったため、小学校すらまともに出られなかったが、独学で陸軍士官学校に入り、一九〇三（明治三十六）年に陸軍大学校を首席で卒業、恩賜の軍刀を受けた。

その時二十九歳。翌年、母と結婚し、新生活もそこそこに日露戦争に従軍、帰国後は参謀畑を歩み、陸軍大将まで上りつめた。

三十代で二度、元老・山縣有朋の業務を補佐する副官を経験したことが軍人としての土台になったという。陸軍で絶対的な権力を誇った山縣は鋭敏な感覚の持ち主だった。厳しい上に気難しくもあったから、その苦労は並大抵ではなかったはずだ。

いつ呼ばれて何を聞かれるか分からない。疑問な点があれば徹底的に問い詰められる。政治、経済、地理、歴史、倫理、教育……。ジャンルを問わず猛勉強するしかなかった。陸軍の「文学博士」とも「学者将軍」とも言われ、給料の大半を書籍の支払いに充てる生活はこのころか

昭和天皇（先頭）が臨席しての陸軍始め観兵式。左端が父・錠太郎＝1932（昭和7）年1月8日、東京・代々木練兵場

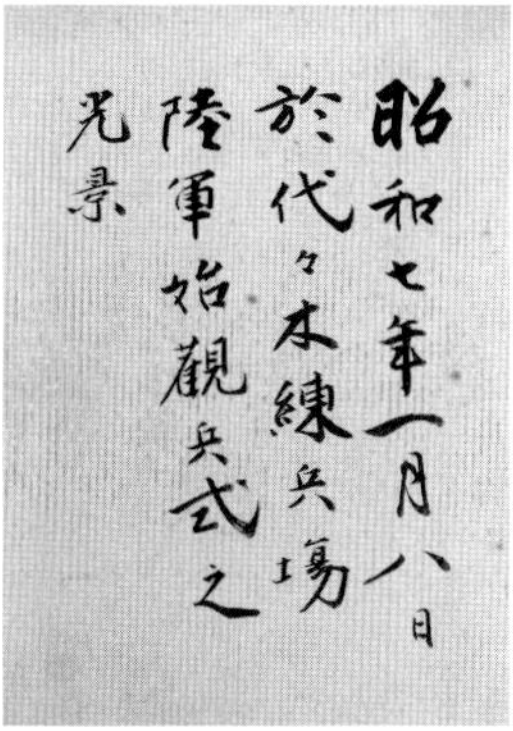

昭和七年一月八日
於代々木練兵場
陸軍始観兵式之
光景

錠太郎直筆の裏書

渡辺錠太郎〈年譜〉

1874年	4月16日、愛知県小牧市のたばこ商、和田家の長男として誕生。母の実家の渡辺家の養子となり、岩倉市の小学校を卒業
96年	陸軍士官学校卒業
1903年	陸軍大学校を首席で卒業
04年	野田すゞと結婚、日露戦争に出征
05年	山縣有朋の副官（~07年）
09年	ドイツ大使館付武官補佐官
10年	山縣有朋の副官（~15年）
17年	オランダ公使館付武官
22年	参謀本部第四部長
25年	中将、陸軍大学校長
26年	第七師団長
29年	陸軍航空本部長
30年	台湾軍司令官
31年	大将、航空本部長
35年	7月、教育総監

ら始まったらしい。

「家にいる時の父は暇さえあれば二階の書斎にこもって本を読んでいました」

錠太郎は欧州の事情にも精通していた。

これは軍事研究のためのドイツ留学やオランダ公使館付武官を務めた経験によるところが大きい。その際、航空機に関する最新の知識を得たことが軍人としてのキャリアを輝かせていった点は見逃せない。

北海道・旭川の第七師団長時代の三年間は不遇だったが、二九（昭和四）年に陸軍航空本部長として東京に呼び戻される。

「一時は故郷に帰って農業を始めようと真剣に考えていたらしいですから、父にとっては朗報だったでしょう」

その後はトントン拍子。台湾軍司令官となり、少年のころからの夢だった陸軍大将に昇級、三二（同七）年には昭和天皇の臨席を仰いでの陸軍始め観兵式で指揮官も務めた。さらには三五（同十）年七月、軍隊教育の最高責任者である教育総監に就任する。

その間、軍部は国をあらぬ方向に動かしていた。

三一（同六）年の満州事変をきっかけに国際社会と対立し、翌年には「国家改造」を叫ぶ海軍の青年将校らが五・一五事件を起こして犬養毅首相を暗殺、政党政治の息の根を止めた。三三（同八）年には満州国を認めない国際連盟から脱退するなど日本は世界から孤立を深めながら雪崩を打って戦時色を強めていく。

当時、陸軍内では派閥抗争が激化しており、それがさらに大きな事件を招く火薬庫となる。

教育総監　軍紀の粛正に信念貫く

父・錠太郎が陸軍の軍隊教育機関の最高責任者である教育総監に就任したのは一九三五（昭和十）年七月、六十一歳の時だった。

陸軍では陸軍省の大臣、参謀本部の参謀総長、教育総監部の教育総監を「三長官」と呼び、行政上の重要問題や主要な人事はこの三者の合議で決めていた。陸軍省は軍政（軍隊の維持・管理）を、参謀本部は軍令（軍隊行動に関する命令）を、そして教育総監部は軍隊教育を担っていた。

当時、陸軍内では天皇自ら軍と政治を指導する天皇親政の国家をもくろむ「皇道派」と、軍部が権力を握って国家総動員体制を目指す「統制派」との主導権争いが先鋭化していた。

リベラル派の教養人として中立の立場にあった錠太郎は、火中の栗《くり》を拾う覚悟で要職を引き受けたが、自由主義的な発想や意見が煙たがられたのか、皇道派の青年将校たちの激しい反発と憎悪を招くことになる。

任務の遂行は想像以上に苦難の道だった。


なぜ、錠太郎は目の敵にされたのだろうか。

第一は、皇道派がよりどころにしていた陸軍大将・真崎甚三郎が教育総監を更迭された後任として表舞台に出てきたからだ。皇道派からすれば、統制派と組んで自分たちの大将を追い落としたと勘ぐった。

第二には、統治権の主体は法人としての国家にあるとする「天皇機関説」を排撃する皇道派の過激な動きをけん制しようとしたことで恨みを買ったらしい。血気盛んな青年将校たちは天皇のそばにいる重臣たちを全て「君側《くんそく》の奸《かん》」と見なして討伐の対象にしていた。

それでも錠太郎はひるまなかった。

一部将校が上層部の意向を無視して独断専行に走る下克上の風潮に義憤を感じ、信念を貫いて軍紀の粛正を図ろうとした。


皇道派の将校を刺激したことで三六（同十一）年の年明けからは錠太郎にも警護の憲兵二人

が東京・荻窪の自宅に常駐するようになる。

「父が二軒隣の姉の家に行く時でも憲兵の人が付いてきていました。事情は何も知りませんでしたが、子ども心にも『何かある』とは思っていました」

そんな娘の予感は最悪の結果となってしまう。

二・二六事件――。皇道派の影響を受けた青年将校に率いられた千四百人余の部隊が起こしたクーデター未遂事件で、斎藤実内大臣や高橋是清蔵相とともに錠太郎も非業の死を遂げた。

〈結局、俺が邪魔なんだよ〉

戦争にひた走る人々を冷静に見ていた錠太郎は妻によく漏らしていたという。

晩年、寝ている時の歯ぎしりがひどかったらしい。

〈お父さまはきっと悔しいことがたくさんおありになるのよ〉

この母の言葉を今でも覚えている。

▼▼▼ズーム

天皇機関説問題　一九三五（昭和十）年二月、憲法学者・美濃部達吉らの天皇機関説が国体に反するものとして軍部や国家主義団体から激しく攻撃され政治問題化した。大日本帝国憲法下での天皇は法人としての国家の最高機関であって主権者ではなく、議会が天皇の意思を拘束できるとする学説はそれまで学会や政界で広く認められていたが、政府は同年八月と十月に天皇機関説を排斥する「国体明徴声明」を出し、天皇の統治権は絶対とする考え方が国民に強制されるようになった。

無念の死　本務は非戦平和にあり

世の中を震え上がらせた二・二六事件から二日後、まだ硝煙の臭いが残る東京・荻窪の自宅で父の密葬が行われた。反乱軍と鎮圧部隊のにらみ合いが続いていたため、首都には戒厳令が敷かれていた。

一九三六（昭和十一）年二月二十八日。軍国主義に走る青年将校らの凶弾に倒れた同じ十二畳の居間に父の遺影を飾り、遺族と郷里・愛知の親類だけで荼毘《だび》に付した。

事件直後から陸軍関係の弔問客は引きもきらず、その中には陸軍大将だった父を殺した犯人である皇道派の要人も姿を見せていたという。

本葬は陸軍葬で事件から一カ月後の三月二十七日に東京・青山斎場で営まれた。読経が流れる中で長兄、母、次兄……の順に焼香した。

「母は大将の妻として、私たちきょうだいは大将の子として、悲しくても誰も涙一つ見せませんでした」

この日、帰省のたびに小学校で講演していた父の郷里でも本葬に合わせて遥拝《ようはい》式が執り行われた。

「生まれて初めてこの目で見、この手で触れた死は最愛の父の死でした。機関銃に乱射され、天井に血肉が飛び散っての無残な死。父は死ぬことを覚悟していたのでしょうか。警護の憲兵が家に常駐していたのだから危険を知らなかったとは思えません。教育総監になってわずか七カ月、無念さはいかばかりだっただろうと思います」

それはいくら考えても、今も分からない。

＜和子、梅を見に行こう＞

事件が起きる少し前、父の誘いに笑顔で返して、梅の花を楽しんだ。

錠太郎の陸軍葬。戒名は「温真院殿釈巌泉大居士」。巌泉は錠太郎の号である＝1936（昭和11）年3月27日、東京·青山斎場

錠太郎の顕彰碑＝愛知県岩倉市、正起寺

〈和子、風呂に入らんかい〉

雪がしんしんと降り続けた前夜、父の誘いを断って、母と一緒に入った。

「そのことは今になっても悔しい」

母はどうか――。父の枕元には死の数日前に届けられたシクラメンの鉢があった。以後、母はこの花は縁起が悪いと言って嫌がった。

父の墓は東京・多磨霊園のほか、地元・愛知県岩倉市の正起寺にもある。

〈広い視野と優れた見識に立って　軍の本務は非戦平和の護持にあるとの信念を終生貫き軍の近代化を推進した厳正中道の軍人でありました……〉

正起寺の境内には二〇一〇（平成二十二）年六月、功績をたたえる顕彰碑が建てられた。事件後、軍部の政治介入が強まり、国は日中戦争、そして太平洋戦争へと突き進んでいく。

「それは非戦を唱える父の思いとは正反対の道でした」

気丈な母　大将夫人の矜持を示す

「明治女の気骨というか、十二人きょうだいの長女として育ったせいなのでしょうか……。

母のすゞは、とにかく気丈な人でした」

〈これが日本の軍隊ですか。主人は休んでおります、お帰りください〉

陸軍大将の父が殺害された二・二六事件の際、家の中になだれ込もうとした青年将校らを制止しようと毅然《きぜん》と振る舞ったことでもそれは知れる。

父と同じ愛知県生まれ。素封家の娘だった。高等小学校を出ただけの田舎娘だったが、父に負けず劣らずの努力家で、大将夫人としてふさわしい教養を独力で身に付けていった。

若き日の母・すゞ。一部破損し、しわも寄っているが「私の大切な宝物」と渡辺さん

「陸軍での父の階級が上がれば華族との付き合いも増え、まして大将の妻ともなれば宮中の催しに同伴することもありましたから大変だったでしょうね」

そんな母は子どもたちへのしつけも厳しかった。

〈なる堪忍は誰もする。ならぬ堪忍するが堪忍〉

これが口癖だった

＜世間というものは自分の思うままになると思ったら大間違いですよ＞

口応えは一切許さない人だった。

とりわけ印象に残っているのは、父が惨殺された直後の言葉だった。

＜お父さまの死に涙を流してはいけません＞

自分の定めた生き方を守り抜くということを自らに課した母。信念を貫いて死んだ夫の尊厳を守るべく、大将夫人として精いっぱいの矜持《きょうじ》を示したのだろう。

「だからこそ、私の血の中にも『大将の娘』としてのプライドが流れている。軍人の家に育ったがゆえの厳しさは今でも持ち続けているつもりです」

とはいえ、母の素晴らしさを知るのは随分後になってのこととなる。負けん気だけが前面に出ていた十代の娘時代は反抗ばかりしてよく叱られていた。

母を思うとき、今でも幼いころのある日の情景が浮かんでくるという。

それは、家族そろって食卓を囲んでいる時だった。

＜お母さまだって、おいしいものが嫌いではないんだよ＞

父の言葉にハッとさせられた。母はいつも三人の子どもたちに自分の分まで分け与えてくれていた。それを私たちは当たり前だと思い、感謝の気持ちを忘れていた。それを父がやんわりと諭したのだ。

「母を世界で一番尊敬できるようになったのは結局、自分自身が変わってからのように思います。相手が変わるのを望むのではなく、自らが変わらなければそれは分からない」

母との関係の変化が、そのまま少女の成長の軌跡と重なっていく。

成蹊時代　気に入った自由な校風

二・二六事件で父の死を目の当たりにした当時、東京・吉祥寺の成蹊小学校に通っていた。校舎は郊外の武蔵野の一角を占め、広いグラウンドや松林があり、桜並木が美しかった。自然に親しみ、技を磨くという観点から、園芸や工作を重視したカリキュラムだった。

構内の園芸場では、土を耕し、種をまき、草を抜き、肥桶《おけ》を担いで野菜を作る農業の時間があった。

「収穫したら喜び勇んで家に持ち帰っていました」

凝念《ぎょうねん》と呼ぶ集会もユニークだった。始業前に全員が大講堂に集合して声を合わせて読経し、指を打ち鳴らす鐘の余韻が消えるまで黙想して精神を集中させる。どの子も神妙に口を結び、指を膝の上に組んで身じろぎもしない。心を落ち着かせたところで、さあ授業へとなる。

私立の名門とあって、子どもたちは東京中から集まっていた。省線（現在のＪＲ）を利用して通学する人が多かった。「私も毎日、荻窪から乗って吉祥寺で降り、雨の日も風の日も駅から二十分ほどの道のりを歩いて通いました」

比較的恵まれた家庭の子弟を預かりながら、むしろそれだからこそ、学校では一切のぜいたくや虚栄を戒める教育を徹底していたという。自家用車での送り迎えはもちろん、駅からバスに乗るのも特別の理由がない限りは許されなかった。

男女共学で一学級は男子二十人、女子十人の計三十人。担任は古武士然とした男の先生だった。一年から六年まで持ち上がりで、論語をみっちり教わった。江戸後期の儒学者である頼山陽の「日本外史」を教材にした授業やローマ字作文の時間もあった。

「父も論語が好きだったから縁側の籐《とう》椅子に腰を掛け、膝の上にちょこんと私を乗せてよく読み聞かせをしてくれました」

＜こうげんれいしょく、すくなし、じん＞（巧言令色鮮矣仁）。これが、父の大好きな言葉だった。

当時、成蹊は「民間の学習院」と呼ばれていた。戦前の学習院は皇族や華族の子弟のための官立の教育機関で、軍人や官吏の子弟も入学できた。

「もし受かっていたら学習院に通っていたかもしれませんが、見事に失敗してしまいました」

北海道の旭川で生まれ、父の異動で四、五年の間に東京から台湾へ、そして東京へとめまぐるしく転居したため幼稚園には行かなかった。それが試験に影響したのかもしれないが、「私は平気でした」。

自由で伸び伸びとした成蹊の校風がよほど合っていたのだろう。小学校時代はわんぱくな男の子と一緒によく遊んだという。

「負けず嫌いでしたから野球にも熱中しましたよ」

お転婆娘　お嬢さまになじめない

日中戦争が始まり、国家総動員法が公布されるなど国全体が戦時体制に組み込まれていく中で、一九三九年（昭和十四）年に成蹊小を卒業し、東京・四谷にあるフランス系カトリックの雙葉《ふたば》高等女学校に進学する。

男の子と駆け回ってばかりいた小学校時代のお転婆《てんば》ぶりを心配した母が、当時からお嬢さま学校として知られていたミッションスクールを選んだのだ。

しかし、急になじめるわけがない。

言葉遣いに気をつけなさい。廊下は静かに歩きなさい。ミサの時は帽子をかぶりなさい……。ああしなさい、こうしなさい。あれも駄目、これも駄目。そんな校則が窮屈でたまらなかった。学校が自然豊かな郊外から街中に変わったことも影響したのかもしれない。

「キリスト教にも全く興味が湧かず、中学二年まで教師のブラックリストに載っていたと思いますよ」

学校で救急車騒ぎを起こしたこともある。

二段跳びで階段を下りていたら勢い余ってバランスを崩してしまった。もつれながら廊下の先にあった窓ガラスに体ごとぶつかり、とっさに前に出した右腕を負傷した。教師は大量の出血に卒倒し、すぐさま救急車を呼んだが、当の本人は涼しい顔をしていた。

「二段跳びなんて小学校時代は当たり前。けがにしてもそんなに大したことはなかったですよ」

とは言うものの、そのとき手首から前腕部にかけて十五針縫っている。先生が驚くのも無理はない。その傷痕は今も残っている。

「母は口を開けば我慢と努力の大切さを説き、そして最後は『何でもやるからには一番になりなさい』。それが重荷だったから、思春期ともなるとついつい反抗的になりました」

母には、志半ばで凶弾に倒れた父の名を汚してはならないとの思いが強かったのだろう。＜父親がいないから……＞と周りに言われないよう頑張ってもいたのだろう。それが精いっぱいの、死んだ父に対する供養だと考えていたのかもしれない。

しかし、怒られてばかりいると慣れっこになる。

ただし、お転婆娘にもズキンとくることがあった。

＜お父さまがどんなにお悲しみになるか考えてごらんなさい＞

二人の兄にも同様に、母は子どもが何か悪い事をすると、仏壇の前に座らせて反省を促した。

「それは長時間の説教よりも何よりもこたえましたね。やっぱり父が大好きでしたから」

思春期　「新しい人」になりたい

その日、東京の空はきれいに晴れ渡っていたのを覚えている。

日本が太平洋戦争に突入したのは一九四一（昭和十六）年十二月八日。満州事変から日中戦争を経て、とうとう米英にも宣戦布告した。

〈大本営陸海軍部午前六時発表、我が陸海軍部隊は本八日未明、西太平洋において、米英軍と戦闘状態に入れり……〉

ラジオの臨時ニュースに列島は熱気に包まれた。

当時十四歳。東京・雙葉高等女学校の三年で多感な思春期のど真ん中にいた。

戦争遂行を第一にした統制経済は日を追って厳しさを増し、人々は耐乏生活を余儀なくされていた。

「でも、それは仕方のないことだと思っていましたね、当時は。みんな軍国少年、軍国少女でしたから」

前年十月に大政翼賛会が発足。首相を総裁にして道府県、郡・市町村に支部を置き、町内会や隣組などを末端組織として国民を戦争に動員していく大きな力となった。翌十一月には神話上の建国から二千六百年の節目を祝う式典が各地で催され、沈滞する国民の戦意高揚を図った。

一方で、開戦以降、アメリカ系のミッションスクールにいる米人シスター（修道女）は「敵国人」扱いとなり、次々にキャンプに収容されては本国に強制送還されていった。

「日本の女子教育に生涯をささげようと来日したシスターたちはさぞかし無念だったことでしょうね」

戦争の激化とともに政府や軍部の締め付けが厳しくなり、やがて修道服を着ることすら許されなくなる。

フランス系の雙葉も例外ではなかった。

戦争が始まって間もなく、年配の外国人に替わって二十八歳の若きシスターが日本人初の校長（五代目）に就任した。後に「雙葉の母」と呼ばれる元雙葉学園理事長の故・高嶺信子さんだった。その人は心から尊敬できる人だった。それは若かったからでも頭が良かったからでもない。

「一生徒の私が出した暑中見舞いに欠かさず礼状をくれたんです。在学中も卒業してからもずっと何か一筆添えてね。それに生徒一人一人を名前で呼んでくれるのもうれしかった。だから、私は今でも卒業生たちにはそうしているの」

世の中がどんどん暗くなっていく時代に大人でもない、子どもでもない時間を過ごした昭和一桁生まれは軍国主義教育の影響を最も強く受けた世代と言えるだろう。

「でもね、強い自我が芽生えてきた当時の私の悩みは戦争とは全く別次元のものでしたね」。傲慢《ごうまん》、冷淡、利己主義――。そんな形容でしか表せない自分に愛想を尽かしていた。そして、心から救いを求めていた。

「新しい人」になりたい、と。

嫌な私　和子さんは、鬼みたい

東京・四谷の雙葉高等女学校時代は試験が近づくと髪も身なりも一切構わず、机にかじりついた。部屋は散らかし放題。食事もろくにとらず、誰とも口をきかない。期間中になるとその行動はどんどんエスカレートしていった。

〈また始まった……〉

そんな娘を母はあきれた顔をしながらも黙って見守っていた。普段から〈一番になりなさい〉ときつく言っていた手前もあったのだろう。

「今思うと、私はひどく高慢な娘でした。心を支配していたのは名誉心だけ。天才でも秀才でもないくせに、ひたすら努力してトップの成績を収めようとしていたんですね」

〈和子さんは、鬼みたい〉

一九四四（昭和十九）年、最終学年になった五年の時、級友からこんな言葉を投げつけられた。それは学校の帰り、自宅近くの交差点での別れ際だった。

「言われた場所もその状況もはっきり覚えています。今でも忘れられないのは自分でもよほどこたえたからでしょうね」

当時は負けん気ばかりが強く、良い成績を取ることばかり考えていた。少しばかり勉強ができることを鼻にかけ、先生の受けが良いことに優越感を持って友人を見下し、つらく当たってもいた。

だから、自然と表情もきつくなっていたのだろう。

〈あなたは冷たい子だ〉

母に何度も注意された。それでも素直になれなかった。そんな自分にほとほと嫌気が差していた。


その間も戦況はますます悪化していた。

四一年十二月のハワイ・真珠湾への奇襲攻撃から、しばらくは破竹の勢いだった日本軍も翌四二年六月のミッドウェー海戦での大敗を境に戦局は暗転する。それ以降、坂道を転がり落ちるような敗走が続いた。

東京では空襲警報が頻繁に鳴り始めた。コメも野菜も肉も何もかもが配給制になった。

雙葉は靖国神社に近かったため、箒《ほうき》を担いでよく清掃奉仕に出掛けた。いつも班長として率先して参加した。

＜欲しがりません勝つまでは＞

何の疑問もなく、このスローガンが頭の中にすっぽり入っていた。

しかし、「死」というものが頭から離れることはなかった。それは年齢を問わず、男女を問わず、戦地か空襲によるかは別にして、みな同じだったはずだ。

「私は戦争がどうのこうのという前に嫌な私のままで死ぬのが嫌でした。もう少しましな人間になって死にたいと強く思っていました」

それは、誰にも打ち明けられなかった心の叫びだった。

神頼み　自我欲からの変身願望

毎夜、枕元には防空頭巾を置き、もんぺをはいたままで床に就いた。一九四五（昭和二十）年に入ると、東京への空襲は日を追って激しくなっていた。軍国主義体制の中で「一億一心」といった威勢の良い言葉ばかりが死と隣り合わせの身の回りにあふれていた。

そのころ、雙葉高等女学校を首席で卒業して聖心女子学院専門学校（聖心女子大の前身）の国語科に進学していたが、世の中は勉強どころではなかった。

毎日のように勤労動員に駆り出され、部品工場を手伝ったり、官公庁で雑用をしたりした。

竹やり突きの軍事教練のほか、家に帰っても隣組の人たちとのバケツリレーなどの防火訓練もあった。どんな行事も高齢の母に代わって参加した。

陸軍大将の娘として、さらには二人の兄も陸、海軍に属する軍人一家として「自分がお手本にならなければならないと、かなり気負っていましたね」。

そんな調子だったから、当時、女性に唯一開かれていた高等教育の場に身を置くことができても胸の内は複雑だった。受験失敗のショックも尾を引いていたという。

成蹊小学校から雙葉高等女学校へと、

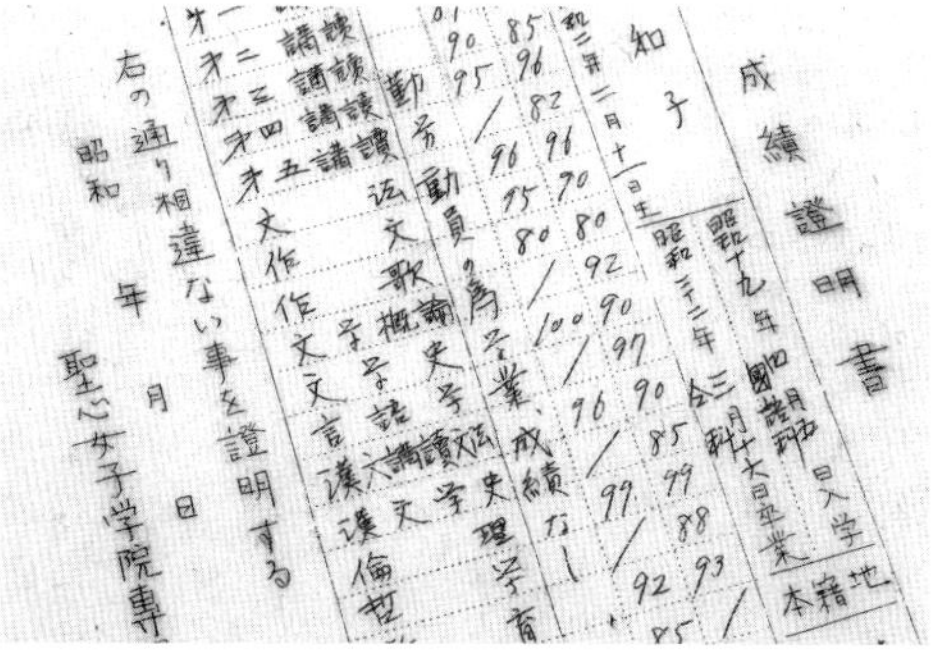
成績証明書

右の通り相違ない事を証明する

昭和　年　月　日

聖心女子学院専

聖心女子学院専門学校時代の成績証明書。1学年は<勤労動員の為学業成績なし>と記されている

聖心女子学院専門学校時代（矢印）

これまでずっと私立校だったから、官立に憧れて東京女子高等師範学校（お茶の水女子大の前身）を受験したが不合格だった。

「『補欠の（それも）一番です』と言われた時はひどくプライドが傷つきました。女学校時代は一番になることだけを考えて勉強し、それを達成してきたから落ち込みもしました」

女専に入っても相変わらず母には冷たく、友人にも高慢な態度をとっていた。戦火の中では進むべき道も見つからなかった。

その苦しみ、閉塞《へいそく》感から逃れるため、思いついたのが、キリスト教（カトリック）の洗礼を受けることだった。まさに苦しいときの神頼みである。

「とにかく謙虚で心の温かい人に生まれ変わりたいと思いました。それは純粋な信仰心というものではなく、まことに身勝手な自我欲からの変身願望でした」

早速、雙葉時代の恩師である日本人シスター、マダム・セント・ジョン（修道名）に相談するとたいそう喜んでくれた。

幼少期からこうと決めたら一直線の性格だ。話はトントン拍子に進んだ。

＜毎日十五分でいいから読んでごらんなさい＞

シスターから聖書を手渡され、数カ月間、洗礼を受けるために勉強した。試験は神父による口頭試問だけ。キリスト教の奥義の一つである三位一体について聞かれて正直に「よく分かりません」と答えたら、あっさり∧それでよろしい∨。禅問答のようなやりとりで訳の分からないまま合格してしまった。

その間、心配でたまらないシスターはお祈りをしながら外の廊下を行ったり来たりしていた。しかし、母は猛反対だった。

洗礼　神の子として新たな命

猪突《ちょとつ》猛進——。中央突破の決意は固かった。

早朝に東京・荻窪の自宅を出て、母校の雙葉高等女学校がある四谷まで十キロ余りをひたすら歩いた。前日の空襲で交通網はズタズタに寸断されている。途中、何度も空襲警報のサイレンが鳴った。そのたびに路傍の防空壕《ごう》に逃げ込み、解除されたらまた歩き始める。その繰り返し。

鉄道が使えれば二十分ほどの道のりも、雙葉にたどり着いた時にはもう日が暮れかけていた。その晩は構内の寄宿舎に泊めてもらい、翌朝、洗礼を受けた。

当時十八歳。聖心女子学院専門学校の二年に進級した一九四五（昭和二十）年四月五日、神の子として新たな生命を与えられた。マルグリット・マリー。これが洗礼名である。雙葉時代の恩師であるシスターと同じ名前をいただいた。

「洗礼を受けに雙葉まで行ってまいります」

猛反対していた母にはこう、一方的に告げて家を飛び出した。母は無言のままプイっと背を向け、自らの意思を態度で示した。

しかし、ここは一歩も引けない。

「この機会を逃したら二度と洗礼は受けられない。そう思っていたからもう必死でした」

〈何もかも母の言いなりにはならない〉

当時はこんな反抗心も強かった。もちろん、連夜の空襲であすの命が保証されないというのも切迫した理由だった。

母にも言い分はあった。

家は浄土真宗。敵国の宗教であるキリスト教に娘が入ることなど許せるわけがない。仏教徒として死んだ父に申し訳が立たないと考えてもいたのだろう。

娘が娘なら、母もまた強情だった。「受洗後、三日間ほどは一言も口をきいてくれませんでしたね」

新約聖書に今でも好きな一節がある。

＜労苦して重荷を負う者は自分のもとに来るがよい。そこに心の休息を見いだすだろう＞

個々の存在を無条件に認め、ありのままの姿で受け入れ、愛し続けようとするキリストの呼び掛けだ。

＜私が来たのは、正しい人を招くためではなく、罪人を招くためである＞

「人生の目的を失っていた当時、その優しさに救われる思いがしました」

後日談がある。

あれだけ反対していた母も十一年後に洗礼を受ける。ただし、死ぬまで仏壇の中に父の位牌《いはい》とキリストの木像を並べていた。

もう一つ。

当時、日本一美しいと言われていた雙葉のチャペルは洗礼を受けた四日後に空襲で焼けてしまった。

「だから、私が最後の受洗者というわけなの」

天との約束　地上から父の浄化願う

一九四五（昭和二十）年春、自らの苦しみから逃れたい一心でキリスト教に入信したものの、にわか仕込みの信仰はなかなか身につかない。いい子になったつもりでも、洗礼は一瞬にして自分を変えてしまうマジックではなかった。

「当時、大反対していた母からは『あなたはそれでもクリスチャンなの』とよく皮肉られました」

そのことが後ろめたくもあったが、それでも信仰を得たことは大きな喜びだった。何一つ希望が持てず心がすさんでいく中で、苦しみに耐える勇気と、さらには苦しみに意味を見いだす力を与えてくれたからだ。

＜苦しみは、他人のために使えるのです。特に死んだ人は、もう自分では何もできなくて、その人たちの魂の浄化のために何かできるのは、私たち生きている者だけです＞

洗礼を受けて間もなく、一人のシスターが教えてくれた。自分が苦しむことがそれだけ愛する人の苦しみを軽くすることになる。死人に対しても冥福を祈る以上に積極的に何かができるのだ、と。

その時、陸軍大将の父を思った。

三六（同十二）年の二・二六事件で反乱兵の凶弾に倒れた父の死にざまは、座卓の陰から一人で見届けた九歳の時からずっと心に引っかかっていた。

軍隊教育を担う教育総監になってわずか七カ月。六十一歳で暗殺された父はまだまだ頑張れる年齢だった。死に際して、胸に去来したものは何であっただろう。この世を恨み、憎んだかもしれない。それならば、ちゃんと「成仏」できているのだろうか。

世の中が戦争に突っ走るとき不戦平和を唱えていた父である。読書家で海外の事情に精通した父だった。乱れた軍紀を粛正しようと血気にはやる青年将校たちに武人としてしっかり物申した父でもあった。

母が出産をためらったときに〈産んでおけ〉と言ってくれた。その言葉がなかったら、この世に生まれていなかったかもしれない。五十二歳の時の子だったこともあって、父は目に入れても痛くないほどかわいがってくれた。

そんな父にこの地上から関わっていけると思うと、自然に力が湧いてきた。耐えることのみ多かった時代である。暗雲が重く垂れ込んだ中で、人間の前途を信じてみようとする祈りにも似た気持ちが、肩の荷を楽にしてくれた。

戦渦の中にあっても苦しみを苦しみとせず、むしろ喜んで受け入れていこう。嫌なことでも嫌な顔をせずに引き受けていこう。迂遠《うえん》な苦労であっても、諦めずに努力し続けよう。

「それは、父の浄化を願う私なりの『天との約束』でした」

疎開　読書だけが慰めだった

キリスト教の洗礼を受けた後、母とはしばらく絶交状態が続いていたが、米軍の空襲が昼夜を分かたず激しくなると、さすがに住み慣れた東京・荻窪の地を離れざるを得なくなった。親子げんかをしている暇などなかった。

一九四五（昭和二十）年四月末、姉夫婦のつてを頼って山梨県・韮崎の大庄屋宅の離れを間借りして疎開した。姉の小学六年になる次女も一緒だった。

当時、聖心女子学院専門学校の二年生。米軍のB29爆撃機がおびただしい数の焼夷弾《しょうい》を空から降らせていた。三月十日未明の東京大空襲では下町一帯が火の海となり、一夜にして約十万人の命が奪われた。遠くに上がる真っ赤な炎を母と二人、自宅からぼうぜんと眺めていた。

空母から出撃したグラマン戦闘機が低空飛行で旋回し、機銃掃射することもあった。

「学校帰りに敵機に遭遇して慌てて家に逃げ帰ったことがあります。一瞬、パイロットの人と目が合ってね。相手はからかっただけなのか、弾は撃ってきませんでしたが、その時の恐怖は今でも忘れられません」

疎開中は隣町の甲府市内のカトリック系幼稚園で保育士の手伝いをした。バスが日に一便しかないため、起伏のある山道を一時間以上かけて歩いて通った。この時にかなり足腰が鍛えられたという。

毎日わずかばかりの芋と大豆を分け合って飢えをしのいだ。空襲警報が鳴るたび、園児の手を引いて家まで送り届けた。東京の様子も心配で、一人ぎゅうぎゅう詰めの列車に乗って何度か自宅を往復した。

もう、生きるのが精いっぱいの時代。死と隣り合わせの中で、唯一の慰めは読書だった。疎開先の蔵造りの離れには本棚に本がぎっしりと並べられていた。フランス革命に関する歴史関係の書籍などを読みながらどうにか気を紛らわしていた。

その間にも戦況はどんどん悪化していた。世の中は暗いニュースばかりだった。

八月六日には広島に、同九日には長崎に相次いで原爆が投下された。その間の八日にはソ連が日本に宣戦布告し、旧満州（現・中国東北部）への進撃を始めた。

開戦当時の国民的な熱狂がうそのように敗北は決定的だった。

「行く末を見つめる人々はみな希望を失っていました。物資の不足よりもその方が深刻だったかもしれません」

そんな時だった。

〈これから大事な放送があるから〉

空襲の後片付けを終えて幼稚園から帰る道すがら、峠の茶屋の前で不意に呼び止められた。太陽が照りつける真夏。ラジオは「ガー、ガー」と雑音交じりで聞き取りにくかった。

敗戦の日　ひそかな解放感に浸る

ラジオから流れてくる昭和天皇のお言葉は独特の節回しで、電波を通して初めて聞くその声は甲高いものだった。

〈戦局必ズシモ好転セズ、世界ノ大勢マタ我ニ利アラズ……〉

一九四五（昭和二十）年八月十五日。ポツダム宣言の受諾を伝える玉音放送を聞いたのは、疎開先の山梨だった。

＜堪《た》エガタキヲ堪エ忍ビガタキヲ忍ビモッテ万世ノタメニ太平ヲ開カム……＞
古風な漢語が多い上に雑音が所々でお言葉をかき消していく。どうやら日本は負けたらしかった。

外出先から飛んで帰って母に告げると、全く相手にしてもらえなかった。

＜日本が負けるはずありません＞

不機嫌な顔でピシャリ。いくら言っても信じようとしない。疎開先の夫人が助け舟を出してくれてやっと納得したようだった。

その時の母の心境はどうだったのだろう。はた目からはよく分からなかった。怒ることも、悲しむこともない。気丈な母はまして泣くことなどなかった。父が亡くなった時もそうだったが、母はいかなる場においても取り乱すことはなかった。

自分はといえば、後ろめたさを感じつつも「あぁ、よかった」というのが正直な思いだった。ひそかな解放感に浸ったと言ってもいいだろう。

「これで警報のたびに防空壕《ごう》に逃げなくてすむ。朝までぐっすり眠ることができる。夜に電気をともしてゆっくり本が読める。食糧事情が良くなれば白いご飯をおなかいっぱい食べることもできるだろう……と。若かったからかもしれませんが、先行きの不安よりも喜びの方が勝っていました」

四一（同十六）年十二月。ハワイ・真珠湾攻撃から終戦に至る四十四カ月間に日本人だけで約三百万人が亡くなったとされる太平洋戦争は日本の無条件降伏で終わった。この日を境に社会は軍国主義から民主主義へと百八十度変わっていく。

＜お父さまはよい時にお亡くなりになった＞

戦後しばらくたって、母がぽつりと漏らしたことがある。

九歳の時、父の死の一部始終を座卓の陰に身を潜めて見ていた。雪の朝、父は反乱兵の銃弾を四十三発も体に浴びて息絶えた。

「父が生きていてくれたら……」。思春期のころ、よくこう思った。だが、母が続けた言葉に苦くうなずくしかなかった。

＜もし、あのまま生きていらしたら、今は戦犯になっていただろうからね＞

二人は混乱を避けてしばらくは山梨にとどまり、秋になって東京に戻った。敗戦という逆境を抱きしめての再出発が始まろうとしていた。

第二部　敗戦を越えて

タケノコ生活　お金のないつらさ実感

食糧不足は深刻で闇市が繁盛し続けた。物資不足とインフレの悪循環は終戦から四年以上も続いた。

〈和ちゃん、今度はこれをお願い〉

当時、母はたんすを開けては、父に買ってもらった着物や帯を売りに出した。自転車でなじみの呉服屋に走った。しばらくすると、羽振りの良い農家に買い取られ、いくらかの現金が手に入ると、今度は闇市に走る。何度も何度もそれを繰り返した。

タケノコの皮を一枚ずつ剝ぐように、衣類や身の回りの品を少しずつ手放していく「タケノコ生活」で糊口《ここう》をしのいだ。そんな窮乏生活は「タマネギ生活」とも言われた。大切な持ち物を一つ一つもぎ取られて涙が出るとの意味である。

「質屋通いこそしませんでしたが、こうして家の中からいろんな物が消えていきました。お金がないことのつらさをつくづく思い知らされました」

山梨・韮崎の疎開先から母と一緒に東京・荻窪の実家に戻り、聖心女子学院専門学校（聖心女子大の前身）の国語科二年に復学したのは一九四五（昭和二十）年の秋。敗戦直後の混乱を避け、しばらく山梨で様子を見ていた後である。

幸いにもわが家は空襲による焼失を免れていた。二軒隣の姉の家族も軍隊にいた二人の兄もみな無事だった。技師として海軍に属していた六つ違いの長兄は民間会社に就職先を見つけ、陸軍の近衛中尉だった三歳上の次兄は家に戻って医者になるべく勉強を始めた。

「戦時中は母と二人きりでしたから、次兄がいてくれるのは心強かった」

一時期は旧満州（現・中国東北部）の奉天（現・瀋陽市）で病院長をしていた叔父（母の弟）一家も同居していたという。

どうにか再出発を果たしたものの、軍人家族にとって、社会の風はとりわけ厳しかった。

終戦の翌四六年、軍国主義の一掃を目指す連合国軍総司令部（ＧＨＱ）の占領政策により、旧軍人や軍属の恩給制度が廃止された（後に復活）。唯一の収入が途絶えた上に、戦時利得の没収を目的にした財産税も容赦なく課せられた。今まで使えたお金はインフレ対策のために強制的に新紙幣に切り替えられ、市場にあふれる現金を封じ込める狙いで預貯金も封鎖された。抜き打ちで公布、施行された金融緊急措置令、日本銀行券預入令による新円交換は一人百円まで。預金引き出しも月額百円に限定された。百円は現在に換算すると約五万円。働いて現金を稼いでくる者のいない渡辺家では泣きっ面に蜂だった。

四六年当時、「タケノコ生活」のほかにこんな流行語もあった。

＜空いているのは腹と米びつ、空いていないのは乗りものと住宅＞

みなすきっ腹を抱え、その日を生き延びるのに精いっぱいの時代だった。

先見の明　「これからは英語」と母

母には「先見の明」があったのかもしれない。

＜これからの世の中は英語が身を助けるすべになるだろうから＞と、連合国軍による占領統治が始まった戦後間なしの一九四七（昭和二十二）年、聖心女子学院専門学校の国語科を卒業したばかりの娘に英語科への再入学を勧めた。

ちょうど二十歳の時だった。

母は自身の経験から、女性にも専門教育が必要なことを痛感していたのだろう。軍人の家に育ち、敗戦とともに多くを失った家の娘には、身に付けた学問が何よりの宝になると考えていた。

「母が偉かったのは切り替えの早さ。恩給も扶助料も打ち切られた家計の中だったから相当の覚悟がいったと思いますよ。その判断力と決断力には今でも頭が下がります」

英語科一年の時の成績証明書が残っている。

数字がずらりと並んだ一枚の古い紙片から、母の期待に応えようとする必死さが伝わってくる。

英文学、読方、発音、作文、文法、英文和訳、和文英訳、言語学などの専門科目に倫理や哲学、国語、漢文などの一般教養を含めた計十七科目の平均は九十一点。席次は二十八人中でトップだ。

太平洋戦争が始まったのは雙葉高等女学校三年の十三歳の時。以来、敵国の言葉である英語は習ったことがない。計七年間、英語とは無縁の生活を送ってきただけに苦労は一通りではなかっただろう。

が、そこは持ち前の負けん気ではねのけていく。

英語科に再入学した翌年、戦後の学制改革によって新制の聖心女子大が発足すると、その一期生として英語科二年に編入した。

「今でこそ英語であまり困ることはありませんが、最初はうまく話せなくてつらい思いをしました」

当時の聖心は「インターナショナル・カレッジ」と呼ばれ、米国人の学生もいた。日本人でも外国を経験した帰国子女が多く、英語で行われる授業も多かったから、いきおい英語の話せない人は小さくなっていなければならない雰囲気があったという。

それでも、キャンパスにはこれまでにない「自由な風」が吹いていた。

学生は一人一人名前で呼ばれ、何事に対しても自分の意見を求められた。軍人の家に生まれ、明治生まれの母に育てられ、小さい時から〈女は黙っていなさい〉とたしなめられた。それが当然だと思っていた身には、何もかもが新鮮で刺激的だった。

厳しき恩師　自立した新しい女性に

聖心女子大は都心の真ん中、東京・渋谷区広尾の小高い丘の上にある。キャンパスは香淳皇后が幼少期を過ごされた旧久邇宮邸の敷地で、重厚な正門やパレスと呼ばれる伝統的な日本家屋が歴史を感じさせる。

足を踏み入れると桜並木が続き、その先に建物群が立つ。開校当初は進駐軍から譲り受けた「かまぼこ」型の兵舎も校舎にしていたという。

学制改革によって、一九四八（昭和二十三）年に生まれた新制・聖心女子大の初代学長はマザー・エリザベス・ブリット。学生たちに自立を目指す新しい女性の生き方を説き続けた。

〈鍋の底を磨くだけの女性になってはいけない〉

家庭の中だけでなく、社会に役立つ人間になってほしいという強いメッセージだった。

〈自主的であれ、知的であれ、協力的であれ〉

厳しき恩師は、このこともよく言っていた。

「考えを異にするとき、大きな目でよく『Ｗｈｙ』と問い掛けられました。それにきちんと答えられなければ相手を納得させることなどできない。そのことを嫌というほど思い知らされました。要は『一人称で自分の意見を主張できる人になりなさい』ということです。最初は臆《おく》していた私も少しずつ変わっていきました」

「YES」か「NO」かをはっきりし、その理由をきちんと説明する——それは、個々人の自由と責任のあり方を徹底的にたたき込むためだったのだろう。

人の一生は親が偉かったとか、財産がどれだけあったとかに関係なく、その人がどう生きたか、どう考えて決断し、どう行動したかが大切だということも繰り返し語った。

対話による教育に重きを置いた人でもあった。マザーはいつでも学生一人一人を名前で呼んだ。

「対話は自らの信念に生きるとともに他人の信念を尊重することで成立します。二つの信念の間に共通するもの、あるいは相違するものを理性

聖心女子大初代学長、マザー・エリザベス・ブリット
（同大提供）

的に見分け、その接点を見いだしていく努力が大切なことを教えていただきました」

ただ、どうしてもなじめないことがあった。

当時、新制大学は発足したばかりで校舎新築などの資金集めに四苦八苦していた。このため、米国兵らにビンゴゲーム大会のチケットを販売するノルマが学生にも課せられたが、それが嫌だった。

イベントの下働きは苦にならなくても、見も知らぬ人に「買ってください」と頭を下げて回るのには正直、抵抗があった。

その点では少々、大学に対して反抗的になったかもしれない。

「軍人の娘というプライドもあったんでしょうね。でも、私は戦勝国であるアメリカの醸し出す優越感のようなものが気に入らなかったのです」

▼▼▼ズーム

マザー・エリザベス・ブリット　一八九七（明治三十）年、米・ニューヨーク生まれ。一九三七（昭和十二）年来日、聖心女子学院語学校校長に就任。太平洋戦争で一時帰国した後、四六（同二十一）年に再来日し、四八（同二十三）年から聖心女子大の初代学長に。六七（同四十二）年に学長退任、六十九歳で死去。

英語力アップ　屈辱ばねに猛レッスン

女性の自立を教育理念に掲げる新制・聖心女子大では、「従う」ことよりも「選ぶ」ことを要求する場であったという。

「もちろん制約はありましたが、カリキュラムの選択が許され、スチューデント・ガバメント（学生自治会）の組織もありました。学生一人一人の自主性が重んじられた教育でしたね」

自由を尊び、自由を享受する。集団生活の

「プレジデント」と呼ばれる学生自治会長の初代を務めた渡辺さん（中央左）。右隣は2代目会長の緒方貞子さん
＝聖心女子大

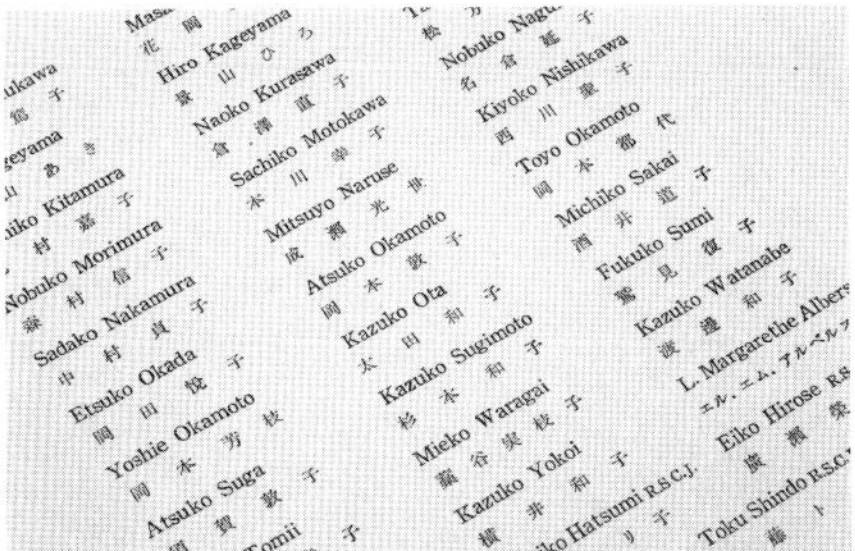
Hiro Kageyama
Naoko Kurasawa
Sachiko Motokawa
Mitsuyo Naruse
Atsuko Okamoto
Kazuko Ota
Kazuko Sugimoto
Mieko Waragai
Kazuko Yokoi
Mariko Hatsumi R.S.C.J.
Nobuko Morimura
Sadako Nakamura
Etsuko Okada
Yoshie Okamoto
Atsuko Suga
Ayako Tomii
Kiyoko Nishikawa
Toyo Okamoto
Michiko Sakai
Fukuko Sumi
Kazuko Watanabe
L. Margarethe Albers
Eiko Hrose R.S.C.J.
Toku Shindo R.S.C.J.

卒業名簿に記された1期生。渡辺さんのほか、緒方（旧姓・中村）貞子さん、須賀敦子さんの名前もある中で他者の自由にも思いを致しながら自ら考え、判断していく力を養う。初代学長のマザー・エリザベス・ブリットをはじめとしたシスター（修道女）たちは、自由と規律の大切さを新しい時代に生きる学生たちに伝えようとした。

薫陶を受けた約三十人の一期生の中には元国連難民高等弁務官の緒方（旧姓・中村）貞子さんがいる。端正なエッセーで知られるイタリア文学者の故・須賀敦子さんもいた。

緒方さんとは入学当初、学生自治会を立ち上げる際に行動を共にした。

「ほかにも人がいたでしょうにね、初代の会長に私が選出されました。同期の中で最年長ということもあったかもしれません。幼少期を海外で過ごした彼女は副会長で後に二代目の会長になりますが、英語が堪能だったので随分助けてもらいました」

学内では授業のほか、会議や打ち合わせなども英語で行うことが多かった。

学長のマザーは英語しか話さない人だった。自治会は毎週のように集会があり、その打ち合わせも議事進行も最初から最後まで全て英語。一度も海外経験がなく、会話に不慣れな身ではおのずと限界があった。

「集会中はステージの上で針のむしろに座っている感じでした。でも、この屈辱感が生来勝ち気な私には刺激となって、英語を本格的にマスターしていく力になりました。やはり苦労はするものだとつくづく思いますね」

英語力をアップするには猛レッスンしかないと腹をくくり、一日に必ず三十分、原書で小説を読むことにした。辞書を引きながらではなく、ざっと目を通して大筋をつかみ、何度も出てくる単語だけ調べる。辞書にあるゴチックの単語の丸暗記も試みた。表にスペル（英単語のつづり）、裏にその訳を書いた独自のカードを作って、語彙《ごい》を増やしていった。

読むことと単語を覚えることは力ずくでできたが、話すことや聞くことは自力では難しい。それには英語を話す外国人と頻繁に接する必要があった。

どうするか――。

敗戦後の占領下にあった当時、その答えは意外なところで見つかった。

バイト探し　家計と学業　秤にかけて

英会話を習得するために必死だった。オフィスでも工場でも、どこかの家庭のメードでも構わない。とにかく、生の英語に接する環境ならばアルバイトの職種は何でもいいと思った。

聖心女子大三年への進級を控えた一九四九（昭和二十四）年二月。バイト探しに向かった先は大胆にも連合国軍総司令部（GHQ）だった。当時、皇居のお堀端にある「第一生命保険相互会社ビル」（東京・有楽町）の中にあった。

こうと決めたら一直線――それは、母の猛反対を振り切って洗礼を受けた十八歳の時と同じだった。

しかし、結果は誰の目にも明らか。たどたどしい英語で来訪の趣旨を伝えても、返ってくる答えはつれないものだった。

「なぜ、そんなにとっぴな行動に出たのか……。今ではよく思い出せませんが、切羽詰まった気持ちがそうさせたのでしょうね」

いきなりGHQは無謀だったにしても、簡単に諦めるわけにはいかない。

旧軍人への恩給が打ち切られた家庭では、バイトなしで学業を続けられるほど経済的な余裕はなかった。そのころ、陸軍の軍人だった次兄も医師を目指して大学に通っており、家には誰も働き手はいなかった。

そのため、家計の足しになればと、休日には朝から夕まで十数人の中学生を相手に家庭教師のバイトをしていたが、その分、自分の勉強時間は削られていた。

こんな状態で新たなバイトを加えると、どうなるか――。

わずかでも家計は楽になるだろう。が、バイトを二つ抱えると学業との両立は確実に厳しくなる。さらに春休みはともかく、長く働き続けるとなると、平日の授業との兼ね合いをどうするかという問題も生じる。

家計と学業と。この二つを秤《はかり》にかけて釣り合う目盛りを探すのはかなりの難題だったが、ひょんなところで事態は動きだした。

それは、かつて洗礼を受けた縁で東京・四谷の上智大にある修道院に立ち寄った時だった。キャンパスは母校・雙葉高等女学校の真向かいにあった。

受付カウンターにパンフレットが置いてあるのが目に留まった。

〈インターナショナル・ディビジョン〉

進駐軍の軍人やその家族らを対象に四月から開設される夜学の「国際部」（現・国際教養学部）の要項を記した案内だった。

英文にさっと目を通すと、その末尾の責任者の名前に見覚えがあった。

ほんの一週間前、聖心女子大で米国の大学における学生自治について講演してくれた人だった。その際、応接間から会場までコートを持って自分が案内したばかりだから間違いない。

声を掛けた。「ミラー神父さまはいらっしゃいますか」

この一言が、自らの運命を切り開いていった。

運命の人　人智超えた優しい摂理

＜タイプライターは打てますか？＞

眼光鋭いアロイシャス・ミラー神父の単刀直入な問いに、思わず答えた。

「イエース。イエス、アイ、キャン」

数週間前、小学校から愛用していたピアノを売った代金の一部で携帯用の小さなタイプライターを買ってはいた。が、まだ練習を始めたばかりで胸を張って「できます」なんて、とても言える状況ではなかった。

働きたい一心で、つい言葉が出た。

その熱意が伝わったのだろうか。面接ではその後、これといったやりとりもなく、上智大に春休みの期間中、事務のアルバイトとして雇ってもらえることになった。

深刻な不況で人員整理や倒産が相次いでいた一九四九（昭和二十四）年二月末、聖心女子大の三年に進級する直前のことである。

ミラー神父は四月から上智大で開講する「国際部」の責任者として準備に忙しくしていた。イエズス会員として二年前に米国から来日、上智大では英文学を教えていた。ビジネスの才もあったらしい。

国際部は進駐軍の兵士や軍属、その家族らを対象に授業を行う。オフィスでは学生名簿や必要書類を作成するのが主な仕事だったが、当然のことながら苦労は絶えなかった。

上智大国際部のスタッフと。後列左から2人目が渡辺さん。前列中央はミラー神父

名簿作りでは、どちらが姓でどちらが名かを混同することがあった。案内の手紙を書く際に前置詞や定冠詞の有無によく迷った。英文タイプを打つ手はぎこちなく、間違いも多かった。当時の日本では貴重だった真っ白の上質紙を何枚も無駄にした。

困ってミラー神父に聞いてはみても、英語でのやりとりでは細かい点や込み入った内容の確認がなかなかできない。しかし、この環境こそが英会話の習得を図るために探し求めたバイトだったから、この点では思惑通りといえた。

春休みの一カ月はあっという間に過ぎた。失敗続きで心の中は申し訳ない気持ちでいっぱいだったが、ミラー神父は仕事に厳しいだけでなく、前向きな姿を温かな目で見てくれていたようだ。

∧学校が始まってからも来てくれますか∨

一瞬、耳を疑ったが、すぐさま今度は感激で胸がいっぱいになった。

大学で学生自治会の会長をしていなければ、ミラー神父に会うことはなかっただろう。初めて上智大を訪ねた時、カウンターの上に国際部のパンフレットが置かれていなければ、ミラー神父との再会はなく、ここでバイトをすることもなかったはずだ。

「全ては『運』だとも言えますが、私は一連の出来事の中に人智を超えた大きな、そして優しい摂理というものを感じます」

その後、ミラー神父とは一生の付き合いとなる。まさに「運命の人」だった。

▶▶▶ズーム

アロイシャス・ミラー　一九一〇（明治四十三）年、米生まれ。十八歳でイエズス会に入会。四七（昭和二十二）年来日、上智大国際部の創設に尽力。講義は全て英語。単位取得に要する時間数、試験、出欠の厳格さは当時の米国の一流大学の水準で、平均的な日本の大学よりかなり厳しかった。七一（同四十六）年、六十歳で死去。

多忙な日々　付いたあだ名は洗濯板

平日、週五日のアルバイトを始めてから、生活はにわかに慌ただしくなった。

朝、六時半に東京・荻窪の家を出て広尾の聖心女子大へ。夕暮れ、講義を終えると一目散に四谷の上智大を目指す。国際部の事務仕事を手伝って帰宅するのはたいてい午後の八時を回る。それから晩ご飯を済ませ、宿題を片付けて予習復習をすると、

アルバイト時代の渡辺さん。忙しさのあまり体重が激減した＝上智大・玄関前

もう深夜という毎日だった。

三年の進級時、選択科目は特定の曜日にまとめて履修するようにした。だから学校にいない時もある。それを面白がって、級友だったイタリア文学者の故・須賀敦子さんがよく言っていた。

＜和子さんはエスケープの天才ね＞

勉強しながらできる夜間のバイトはありがたかったが、その仕事は相変わらず緊張の連続だった。

働き始めて間もなく、進駐軍の軍人やその家族の人たちに国際部を紹介する小冊子の校正と印刷を任された。二十ページほどの原稿には教員組織や講義の内容、授業料などが記されていた。

ミラー神父は表情を変えずに言った。

＜出来上がりにミスが一つでもあったら、これが最後の仕事になると思ってください＞

ドライな上司だった。

苦労して仕上げたタイプ文にミスが見つかり、一からやり直しを命じられたこともある。悔しくて思わず涙を流したら、慰められるどころか不思議がられ、その反応にこちらが驚いて涙が引っ込んだことも懐かしい思い出だ。

「涙より大切なこと。それは自分の失敗を客観的に見つめ、次の機会に生かすということ。それが責任を持つということの意味であり、責任の重さなのだと仕事を通して教わりました」

当時は過労のせいで肋骨《ろっこつ》が見えるほどやせていた。

「友人から『洗濯板』とか『汽車のレール』とか言われるありさまでした」

身も細るほどの日々。しかし、充実感があった。

「オフィスで働いたおかげで、英会話もどうにかさまになってきました。あれほど引け目を感じていたのにちょっぴり自信も持てるようになりましたね。英文タイプも上達し、働くことの厳しさと達成感を肌身で知ることもできました」

勉学とバイトに明け暮れた学生時代。クラブ活動をする暇などなかった。友人と旅行をしたり、映画を見たり、お茶を飲んだりしたこともない。

だが、後悔はない。

「わずかな時間を見いだして、その時、その時で自分にとって最も大切なことをする。その連続でしたが、今思えばその時間がとても貴重でした」

愚直な働きぶりが認められたのだろう。大学を卒業すると、バイトではなく晴れて本雇いとなった。

脱「女大学」　平等と笑顔に目覚める

聖心女子大を首席で卒業して上智大国際部の事務局に就職したのは一九五一（昭和二十六）年の四月。二年間のバイト期間を経て正職員に採用された。以後、五年間、大学院（西洋文化研究科）に通いながら働くことになる。

「その間に英語もタイプも上達できましたが、何よりうれしかったのは一人前の大人として、一人の女性として、性別も国籍も年齢も関係なく平等に扱ってくれたことでした」

職場には生き生きと働く女性がいた。いつでも自分の意見や権利を堂々と主張する。そして、それを尊重する男性の姿があった。

「そんな環境で頑張っていたら、いつの間にか自分に自信が持てるようになりました。自らを価値あるものとして見ること、さらにはそれにふさわしい責任を自覚することで成長していけたように思います」

それもこれも仕事にはめっぽう厳しいが、仕事に携わる人間の弱さには寛容だった上司、ミラー神父の影響なのだろう。

軍人の家の末っ子の娘として生まれ、九歳で父を失った後は明治生まれの母に厳しく育てられた。

＜女の子は黙っていなさい＞

＜出しゃばるものじゃありませんよ＞

勝ち気な娘が心配だったに違いない。母は事あるごとにこう言って叱った。

「もう、耳にたこができるほど聞かされました」

＜お母さまの言うことに間違いはありません＞

＜しなさいと言ったら、しなさい＞

いつも頭ごなしで、口応えや言い訳など一切許されなかった。

「母は江戸時代の『女大学』的な古風さを強制してきました。今から思えば、理由のない指示や命令も多かったですね」

食卓に座る時、小さい時から二人の兄たちは常に上座だった。魚を分けて食べる時、頭の部分は男たち、尾の部分は女たちと決まっていた。

笑顔がすてきな渡辺さん＝上智大のオフィス

全てがこんな調子だったから、職場は別世界のようだった。

もう一つ、職場では笑顔の大切さとその力を教わった。

＜渡辺さんは笑顔がすてきですね＞

同僚の男性にこう言われて、素直にうれしかった。

振り返れば、幼少期から笑顔の少ない子だったように思う。自分の嫌な性格ばかり目についていたせいか、コンプレックスが人一倍強かったのかもしれない。

「その時、同僚の評価にふさわしい人になろうと決めたんです」

それは外見的なチャームポイントとしてではなく、他人への思いやりとか自分自身の心の潤いとしての笑顔だった。人生を笑顔で生きるという決意であり、主体性の表れでもあった。

「それからは母にもずっと優しくなり、人にも笑顔で接することが多くなりました」

▼▼▼ズーム

女大学　江戸時代中期から普及した女性教育の教訓書。貝原益軒の「和俗童子訓」をもとに編集されたとみられる。十九カ条にわたって良妻賢母主義の封建的女子道徳を説き、太平洋戦争前まで女子教育の教本となった。

キャリアウーマン　身にまとう新時代の風

月々の給料を封を切らずに渡すと、母はうやうやしく押しいただいてから、まずは父の仏壇に供えるのが常だった。

一九五一（昭和二十六）年に聖心女子大を卒業してから上智大国際部に事務の職を得た。朝から晩まで働きづめの日々。男性と肩を並べて重要な仕事を任されていた。今でいう、ばりばりのキャリアウーマンだ。

家族は母と次兄の三人。元陸軍中尉の兄はそのころ医者になるため医大で勉強中だったから、他に収入はない。

「母もこの時ばかりは娘に倒れられては大変だと思ったのでしょう。夕食に私だけ卵が付いていることがありました」

大黒柱は娘――。家長主義が当たり前だった戦前では考えられなかった状況だ。まして軍人一家の渡辺家では隔世の感があった。

ミラー神父のもと、仕事は厳しかったが、だからこそやりがいがあった。

手紙を英文タイプで打ち、会計簿をつける。学生の単位登録も担当し、教科ごとに個人の点数が入ればその都度記入した。上司の日程調整というのもあった。財務に教務に渉外、秘書業務……。年数を重ねるごとに仕事のジャンルが広がった。

複数の仕事を同時に与えられ、それぞれのスケジュールに合わせてきっちり仕上げることを求められた。

やりやすい仕事、自分の好きなことから取り掛かろうとすると、ミラー神父は口を酸っぱくしてこう言った。

〈First things first〉（まず、しなければならない仕事から片付けなさい）

仕事の優先順位は好き嫌いや難易度によるのではなく、締め切りの時間を第一にするとの教えだ。これには判断力や計画性とともに意志の強さも求められる。

「この時に身に付いた習慣が後々の私の人生を随分助けてくれました」

流行のロイド眼鏡にハイヒール。髪にパーマを当てて、口紅を引く。街を歩くファッションも決まっていた。新時代の風を身にまとった当時の写真を見ると、どれも楽しそうで内面の充実感が伝わってくる。

「世の中はまだまだ復興の途上でしたが、私は新しい時代の息吹を実感していました。伸び伸びとしていましたもの」

　周囲に勧められて当時としてはまだ珍しかった乗用車の運転免許を取得した。ミラー神父の配慮で三カ月におよぶ世界一周の旅にも出掛けた。職場の同僚の帰国に合わせて横浜港から香港、インド、エジプトを経由して欧州に入り、英、仏、伊を巡った後で米国に渡るコースだった。

　その間、五四（同二十九）年に上智大大学院の西洋文化研究科の修士課程を修了。働きながら修道者を目指す足場もしっかり固めていた。

好奇心旺盛で当時としてはまだ珍しい自動車免許を取得した（右）＝都内の自動車教習所

エジプトにて。ラクダの上の左から2番目が渡辺さん

修道院へ　洗礼から十一年目の決断

「大学を卒業してから数年間、やりがいのある仕事に打ち込んでいた私が、全てを捨てて修道院に入ると言ったら、母も二人の兄もたいそう驚きました。よほど意外だったのでしょうね」

十八歳で洗礼を受けて以来、シスターになることは折に触れて考えてきたが、その時々の事情が決断を鈍らせていた。

日本が戦争に負けたこともあったし、次兄がまだ医学部の学生だったこともあった。戦後の混乱期は一家の暮らしを支えなければならないとの思いが強かった。もちろん、仕事が面白くなったことも延び延びになった理由の一つだった。

が、タイムリミットが迫ってきた。当時、修道院に入るには三十歳までという年齢制限があったからだ。

幸いにして次兄は医者となり、結婚もした。年老いた母を一人にするのはしのびなかったが、そこはぐっとこらえて一九五六（昭和三十一）年九月八日、十一年越しの思いを果たすべく、二十九歳七カ月で東京・吉祥寺にできたばかりの修道院の門をたたいた。

経済白書が〈もはや戦後ではない〉を流行語にした年である。

＜何が悲しくて修道院になんか入るのかねぇ＞

別に返事を求めるでなく母はつぶやいた。前夜まで諦めきれない様子だった。

＜どうしてお嫁にいかないのかねぇ＞

こんなため息も漏れた。

「当時、修道院に入るということはよほどつらいことがあったたか、または何か結婚できない事情があるとか、というのが世間の見方でしたから、母もそう思ったのでしょう」

結婚についいては迷いがなかったわけではない。

上智大のオフィスに勤めていたころ、それなりに恋愛もしたし、恋に悩んだこともある。姉の勧めでお見合いもした。相手の人は僧侶だった。

「私、けっこう人気があったんですよ。でも心の奥底でいつも温厚で思慮深い父と比べていました。私

修道院に入る直前の渡辺さん（右）
＝ナミュール・ノートルダム修道女会東京修道院、1956（昭和31）年9月8日

2人の兄に見守られて修道院生活に入る渡辺さん（左）

は父がかなり年をとって生まれた子でしたから二十代の男性を何か物足りなく感じたのかもしれません」

父が凶弾に倒れた二・二六事件と結び付けて勝手に修道院入りの理由を〝解釈〟する人もいたが、そう簡単にひとくくりにできるものではなかった。

「一番の理由はこれまで出会った神父、シスターたちの献身的な姿にひかれたからでしょうね。決して裏切ることのない神のもとで金銭や物をはじめ、何ものにもとらわれない自由さを感じました。私もこうありたい、と。ちょっと気負ったところもありましたね」

少女時代から人一倍勝ち気で我が強かった。

〈おまえにシスターが務まるのか〉

修道院に入る前、兄たちにはこうひやかされた。

身内の中で賛成してくれたのは義兄（姉の夫）だけだった。

信仰の道　清貧、貞潔、従順を誓う

東京の郊外。ＪＲ吉祥寺駅北口から十数分歩くと、閑静な住宅街の一角に、ローマに本拠地を置くナミュール・ノートルダム修道女会の東京修道院がある。門をくぐって敷地の中に入ると立派な建物の前に広くてきれいな芝生の庭があり、高いケヤキの木などがそびえ立つ。成蹊大のキャンパスとは道路を挟んで目と鼻の先。幼いころに通っていた成蹊小学校は構内の一角にある。

写真の裏書に<下手なオルガンをノビス（修練者）**として弾いています>とある**＝ナミュール・ノートルダム修道女会東京修道院

一九五六（昭和三十一）年九月八日、この修道院での共同生活がスタートした。

ノートルダム修道女会の国内の活動拠点は岡山だったが、この年に東京に新たな修道院を開設し、シスターの見習いを預かる修練院もこの地に移した。幸い荻窪の自宅から車で約二十分という近距離にある。それで母も渋々入会を許してくれた。

「このタイミングで吉祥寺に修練院ができていなかったら別の修道女会に入っていたかもしれません。これも何かの縁でしょうね」

一般的にシスターは「清貧」（財産を全て仲間と共

有し、貧しくとも清く、神だけを頼って生きる）、「貞潔」（神と人々のために一生独身で奉仕する）、「従順」（修道会の上長の中にキリストを見いだして従う）――の三つを神に約束して一生涯を過ごす。

修道院で共同生活を送るのが常で、人生そのものが信仰の道となる。

修道会によって年数は異なるが、ナミュール・ノートルダムでは志願期（半年～一年）を終えて修練期（二年程度）に入り、一年ごとに更新していく有期誓願期（五、六年）を経て、最後に終生誓願者となる。

修道院に入ったのは二十九歳の時。三十歳の年齢制限ギリギリだった。早くに入った年下の修練者との人間関係が難しく、気苦労も多いと言われていたが、そのことで気持ちがぐらつくことはなかった。

唯一の気懸かりは、年老いた母だった。

渡辺家は浄土真宗。戦時下に十八歳で洗礼を受けた時、母は〈敵国の宗教だから〉と猛反対した。今回はあからさまに反対はしなかったが、その胸の内は痛いほど伝わってきた。娘の結婚を願う気持ちがあったはずだ。七十の坂を越えて一人っきりになる寂しさもあっただろう。

「修道院に入るということは仏教で言えば『出家』『剃髪《ていはつ》』することと同じでしたから、財産も持ち物も全て置いて家を出ました。不退転の決意を胸に石にかじりついてもやり遂げてみせる覚悟でした」

母を思うと後ろ髪を引かれる思いだったが、もう、この道を突き進むしかなかった。

母の背中　気丈に生きた苦労刻む

六十年近くの月日がたっても、あの日の母の姿は目に焼き付いている。

ナミュール・ノートルダム修道女会の東京修道院での生活が始まってほどなく、初めての面会日に母が訪ねて来てくれた。入会当初は面会が許されなかったため、久しぶりの対面だった。親子水入らずがいいからと、付き添いは誰もいなかった。応接間でとりとめのない話を一時間ばかりしただろうか。近況を何となく報告し合っただけだったが、お互いにお互いの心の機微は痛いほど分かった。

「私は年老いた母を一人きりにしてしまったことへの負い目のようなものがありました。母は母で修道院に入った娘を気遣い、二人とも淡々と振る舞っていたのだと思います」

当時、母は七十四歳。一人で出掛けると、時に方角が分からなくなって電車のホームを間違えるようなことがあった。「だから、外出する時は必ずといっていいほど私が付き添い、手を引いていました」

年相応に足腰も弱っていた。この日も手には、かつて娘が愛用していた柄の長い空色のパラソルがしっかりと握られ、それをつえ代わりに駅からとぼとぼと歩いてきたのだった。

仕事を辞め、結婚を諦め、自らの信仰のために修道院に入ったのは自分のわがままにすぎないのではないか——。この思いは自分の中でぬぐい切れなかったが、この時にはっきり分かったことがある。「母に自分の選んだ道を分かってもらうには、修道院での生活を生きがいと喜びに満ちたものとし、私が変わっていく姿を見てもらうしかない」と。

面会を終えた母は、次回の再訪を約束して玄関を出た。パラソルをコツコツつきながら一度も振り返らずに帰っていった。

修道院に入る前に母(左)と記念撮影＝1956(昭和31)年9月、東京·荻窪、自宅庭で

修道院入りを望む娘の胸の内を知りながらも、母には人並みに嫁にやりたい気持ちがあったはずだ。しかし、母はその思いを封印し、最後にこう言って修道院に送り出してくれた。

＜結婚だけが女の幸せとは限らないからね＞

陸軍大将の妻として、四児の母として、二・二六事件の被害者として、母は戦中戦後の混乱期を気丈に生きてきた。その後ろ姿には、長年耐え忍んだに違いない数多くの苦労が刻まれているようだった。諦めの重みを全て背負っているようでもあった。

「本当なら私が手を引いてあげられるのに……と思うと、胸が詰まりました。私にとって本当にかけがえのない人なんだと、あらためて思いました」

見送る母の背中が以前より心なしか丸く、小さく、そしてにじんで見えた。

鐘と共に　祈りと単純作業の日々

東京・吉祥寺の修道院で過ごしたシスター見習いとしての共同生活は極めて厳格で、朝から晩まで規則に縛られていた。一日に何回と鳴る鐘を合図にひたすら単純作業と祈りをささげる日々だった。

起床は早朝の五時。素早く制服を身に着け、全員チャペルに集合して祈りと黙想の後にミサにあずかる。朝食を済ませると掃除、洗濯、料理、アイロンかけ……。各自定められた仕事に励む。食事も寝起きも労働も、全て決められた時間に行われた。

鐘と違う行動をとる場合は必ず、事前に修練長か院長に届け出なければならなかった。外出はもちろん、手紙を出すときもあらかじめ許可が必要だった。

「正直、幼児期に戻ったような息苦しさを感じましたが、もう慣れるしかないと思っていました」

生活習慣も性格も国籍も異なる女性ばかりが一つ屋根の下で暮らすのは容易ではない。くる日もくる日も顔を突き合わす中では、誤解やトラブルも生じやすくなる。俗世を離れても「人の世」である限り、人間関係の摩擦はついて回る。

だからこそ、しっかりとした規律を土台にしたコミュニティーづくりが大切になるという。

「修道院という共同体の中で私は人間関係の要諦を一つ教わりました。それは車を安全に運転するには車間距離が必要なように、人と人の間にも『人間《じんかん》距離』が重要ということです」

周囲や相手との同化を願う心と独立した一人格としてありたい心と。両者のバランスを保つには、適度な関わりと適度な隔たりが欠かせない。

「院内で一番つらかったのは、なかなか一人になれなかったことなんですよ」

規則の厳しい修道院。直前まで男性と肩を並べて仕事に励み、自由闊達《かったつ》に行動していただけに、そのギャップは大きかった。

＜到底、長続きしないだろう＞と二人の兄は思っていたらしい。母は母で娘がいつ戻って来てもいいように部屋もそのまま、衣服や所持品もそのままにしていた。

「正直、私にも不安はありましたが、ここで音を上げるわけにはいかないと自らに言い聞かせていました。まだまだ未熟でしたので、そんな思いだけで頑張っていたように思います」

そんな折、修道会から思いもよらぬ命令が下る。

修道院に入って一年半近くたった一九五八（昭和三十三）年二月のことだった。

＜あなたには来月からアメリカで修練してもらうことになりました＞

行き先はボストン郊外にある大きな修練院だった。

渡米　見送る母の寂しさ思う

埠頭《ふとう》で紙テープを握りしめた母の写真を見ると、今でも涙が出そうになる。ナミュール・ノートルダム修道女会東京修道院のシスターたちも見送りに来てくれた。母は七十五歳。いつどんなことがあるかしれない。もしかしたらこれが最後に……という思いも頭をよぎった。

「まるで映画のワンシーンのようでしょう。どなたが撮ってくださったのか、写真に写っていない船上で私も豆粒のように小さくなっていく母に向かって力いっぱい手を振っていました」

戦後社会が復興期から高度経済成長期へのエンジン音をとどろかせ始めた一九五八（昭和三十三）年三月、横浜港から米国に旅立った。目指すはボストン郊外にある修練院。英語が少しできたせいか、そこでシスターの見習いをするよう指示された。二十九歳で修道院に入ってわずか一年半だった。

娘の渡米に一番驚き、落胆したのは年老いた母だったに違いない。

母はそのころ、教会に通っていて、その帰りによく修道院に立ち寄るようになっていた。夫に先立たれて修道院の構内に身を寄せていた夫人と教会で親しくなっていたからだ。陸軍大将の妻という同じ境遇で話しやすかったのだろう。教会では二・二六事件をよく知るドイツ人神父とも知り合いになっていた。

母の洗礼式を終えて記念撮影。左から姉・政子、めい・理子、ドイツ人神父、母・すゞ、渡辺さん＝ナミュール・ノートルダム修道女会東京修道院（東京・吉祥寺）

万感の思いで娘を見送る母（手前）。客船プレジデント・ウィルソン号は約2週間で米国に到着した＝1958（昭和33）年3月、横浜港

一人で暮らす母にとって教会や修道院は癒やしの場でもあった。そんな縁もあって、娘に対して昔はあれだけ反対していた母も洗礼を受けた。マリア・ヨハンナが洗礼名だ。

＜死んだら私はお父さまの所に行くよりも、あなたと一緒にいたい＞

こう打ち明けられた時、驚きとともに母の深い悲しみと寂しさをあらためて知らされた。

東京・荻窪の実家の二軒隣に姉が住んでいたのは幸いだったが、夫が病気をしてからはなかなか母の面倒を見られなかったらしい。二人の兄たちも仕事が忙しかったり、住まいが遠かったりで会えないでいた。

「修道院に入る直前、母は私の大好きな刺し身を毎日のように食卓に載せてくれました」

その時、母の心遣いが胸にしみた。母に対して自分ができたことと言えば、勤めていた上智大からの退職金で、長く感じられる夜を共に過ごせるテレビと冷たい水で洗濯しないで済む洗濯機を買ったことだった。

「特にテレビは当時でも珍しく、それがあれば孫たちの遊びに来る回数が増えるかもしれないって思ったの」

当時、白黒テレビに洗濯機と冷蔵庫を加えた家電三品は「三種の神器」と呼ばれ、豊かさや憧れの象徴とされていた。

米国に何年いるか分からない。帰ってこられるのかどうかも分からない。

「それでも母は私が修道院に入った時と同様に『和子のものは全部捨てずにとっておくから』と言ってくれました」

修練長の教訓　You are wasting time

半世紀以上も前の黄ばんだポストカードには、こう記されている。

〈私が居た頃のアメリカの修練院のチャペルです。白ベールの人が百名近くいます。私たちノビス（修練者）の後にいるのは〝志願者〟といって入ってきたばかりの人たちです〉

一九五八（昭和三十三）年三月から米・ボストン郊外のウォルサムにある修練院での生活が始まった。四人部屋で、プライベートな空間はカーテンで仕切っているだけ。祈りも労働も食事も夕食後の憩いの時間でさえも仲間と一緒というのが生活の決まりだった。

渡米前に期待していた生活とは大きく違っていた。

「最初、内心では『翻訳の仕事かな』と思っていたんです。タイプも打てましたから。でも、甘い考えでした。ここでも掃除、洗濯、アイロンかけといった単調な仕事ばかり。そして、いつの間にか機械的に仕事をこなすようになっていました」

そんなある日。指導に当たっていた修練長が後ろから軽く肩をたたいて問い掛けてきた。

＜あなたはお皿を並べながら、何を考えているのですか＞

だだっ広い食堂でいつもの通り、百人を超える仲間の夕食のテーブルの準備をしている時だった。

「別に、何も考えておりませんが……」

質問の真意を測りかねてあいまいに答えると、修練長は即座に＜You are wasting time＞（あなたは時間を無駄に使っている）と言って、こう続けた。

＜仕事をすることはもちろん大切ですが、どういう気持ちで行うかという自分の在り方を忘れてはいけません。同じお皿を並べるのなら、やがてこの席に座る一人一人のために祈りをささげながら並べてみてはどうですか＞

皿をテーブルに置き、隣にフォークやナイフを並べる。確かに、作業そのものにやりがいも

ボストン郊外にある修練院の礼拝堂を写したポストカード。修練者に記念として配布された

なければ報いもない。「つまらない仕事ばかりでうんざり……」。こんな心の中を見透かされたようだった。

高慢ちきのわが身に赤面するしかなかった。

「この世に雑用というものはない。自らがそう思って用を雑にした時に雑用になる。仕事に貴賤《きせん》はないということなんですね」

時間の使い方は、そのまま命の使い方にも通じるという。つまらない使い方をしたら命を無駄にしていることになる。

「仕事が面白くないと嘆く前に、発想を転換して、つまらない仕事も意味のある仕事に変えていけばいいのです。そのことを教えていただきました」

〈You are wasting time〉

修練長のあの時の言葉は、今も耳の奥に残っている。

努力の結晶　必死の思いで博士取得

丘の上にあるキャンパスは歴史と伝統を今に伝えるゴシック様式の建物群が美しかった。敷地は広大で、教室の移動には車を使っていた。米国を代表する名門校、ボストンカレッジの大学院に通い始めたのは、渡米して一年半後の一九五九（昭和三十四）年の夏だった。

＜三年間で教育学の博士課程を終えて学位を取ってきなさい＞

言われたのはほんの数カ月前。またもや上司からの、寝耳に水の指示だった。

日本では英語学と英文学の修士号を取得していたが、これまでに教育学を専攻したことはない。全く分野が違う上に期限もくくられている。正直、驚きを通り越してあきれてしまったが、修道会という世界は甘くない。「清貧」「貞潔」と並んで「従順」が重んじられていたため、目上の命令は絶対だった。

大きな試練だった。

「人生の中で『あの時以上はない』というほど必死で勉強しました。もう一度やれと言われても到底できませんね」

教育原論、教育哲学、教育心理学、教育史……。とりあえず入学前までに専門書を読みあさった。授業は全て英語。会話にしろ、筆記にしろ、たいていのことはこなしていけたが、難解な学術用語には泣かされた。学校経営に関わる管理・運営などの講義もあり、現場の教師らと討論することもあった。

それこそ、朝から晩まで勉強に追われた。時間は矢のように過ぎていった。

「統計は得意でいつも満点でした。アメリカの教育システムの講義は苦手。あまり興味が湧きませんでしたね」

悪戦苦闘しながらも二年半で必要な単位を取得し、残りの半年は論文の執筆に没頭した。どうにかこうにか書き上げると、最後の関門は複数の試験官による口頭試問。何を聞かれるか分からない不安で、前夜はよく眠れなかった。試験は思った以上に難しく、矢継ぎ早に質問が続いた。こちらが日本人であるということに何らの手心はない。

三十分ほどの時間がひどく長いものに感じられた。

＜THE TRADITION OF FILIAL PIETY AND JAPANESE MORAL EDUCATION＞

タイトルの下には＜Sister St. John the Baptist Watanabe＞（日本における親孝行の伝統と戦後日本の道徳教育）。と修道名を記している。

〝努力の結晶〟とも言える英文タイプで打った博士論文は今も手元にある。

「合格した時は涙が出そうになりました」

ただ、それはうれしかったからではなかった。

「口頭試問でうまく答えられなかったのが悔しかったんです。あれだけ勉強したのに……ね。博士号を取るのにさんざん苦労したけれど、勝ち気なところは変わらなかったみたい」

米・ボストンカレッジ大学院の修了式。中央が渡辺さん=1962（昭和37）年6月11日

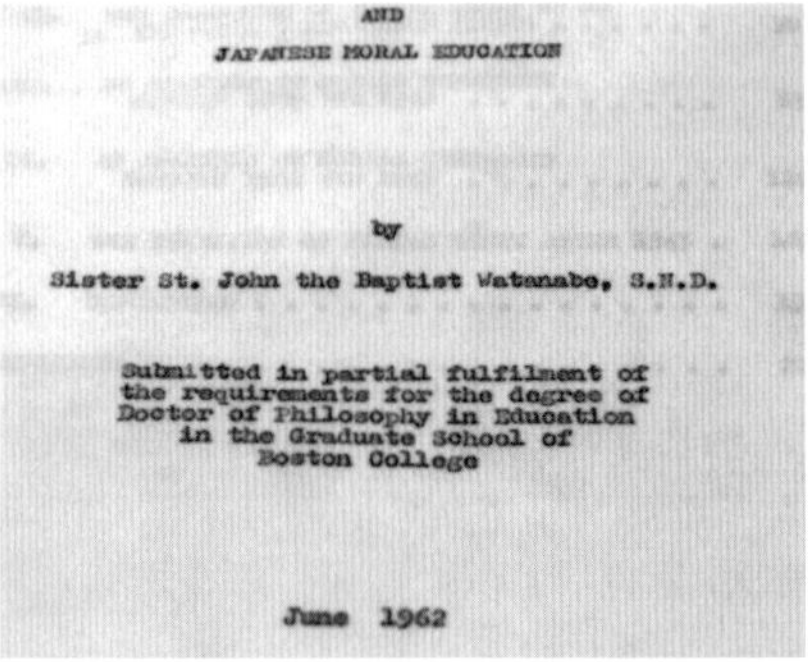

AND
JAPANESE MORAL EDUCATION

by

Sister St. John the Baptist Watanabe, S.N.D.

Submitted in partial fulfilment of
the requirements for the degree of
Doctor of Philosophy in Education
in the Graduate School of
Boston College

June 1962

英文タイプで打った博士論文（教育哲学）

帰国　有意義だった滞米生活

修道院の世界に入って渡米し、博士号を取得して帰国するまでの三十代前半の人生は、シスター見習いとしての修練と学問に明け暮れた。厳しくも有意義な日々で、滞米中に多くのことを学んだ。

「その一番は、人間はつらいことを感謝に変える力を持っているということでした」

百人を超える修練者の食事の配膳をしていた時の修練長の教えもそう。心の持ち方一つで単調な作業の中にもその意義や喜びは見いだせる。博士号の猛勉強をした時も同じ。無理難題を与えられてもそこでくじけず、踏ん張っていけば道は開けた。

「嫌なことを嫌だと嘆くだけでなく、その中で自分なりの目標を定め、それに向かって時間を丁寧に過ごすことが大切です」


言葉の大切さを骨の髄まで思い知らされもした。

例えば、体調が悪いのを我慢して働いていたAさんがいたとする。周囲から〈大丈夫〉と尋ねられ、〈大丈夫です〉と答えた後の対応が日米では全く違う。

日本ではAさんが無理をしていると察して気遣うだろう。米国では〈大丈夫〉と答えた以上は通常の仕事をするのが当たり前。後で〈実は……〉と打ち明けても叱られるのが落ちだった。

さらには、組織内の男女の扱いにも大差があった。

「仕事や学問の上でその区別はなく、求められるものは能力や能率、客観性、さらには正確さ。女性であるがゆえの配慮とかいたわりといったものは全くありませんでした。それは軽蔑も軽視もないことを意味していました」

情緒に流されず、論理には論理で対応する。自分の意見や事実をはっきり表明することは、当時の日本人にはまだなじみにくい合理精神だったかもしれない。

現実的な教訓もあった。それは女性ばかりの、とかく閉鎖的な修道院では、いらぬおせっかいをするなということだ。

〈Mind your own business〉（自分の仕事に専念しなさい）

「人が自分を必要としている時に初めて寄り添っていくのが親切なのであって、人が自分の意志で何かやり遂げようとしている時に手を差しのべたり、干渉したりするのは余計なお世話です」

これらの教訓は後の人生に大いに役立っている。

実りある四年四カ月を経て帰国したのは一九六二（昭和三十七）年七月。年老いた母は口にこそ出さなかったものの、娘の元気な姿に目を細めていたことだろう。しかし、家族との再会もつかの間、修道会から新たな指令が出た。

〈岡山の大学で教えるのです〉

予期せぬ事態の連続で、まだまだ試練は続く。

第三部　岡山の地で

美しい大学　自由人の育成に心砕く

英詩人、ジョン・メイスフィールドは、こう記している。

＜この地上で大学よりも美しいところはほとんどない。大学がたつところ、それは毅然《きぜん》としてたち、そして光を放つ＞

そそり立つ建物や芝生の美しさをたたえたのではない。大学が美しいのは、無知を嫌う人々が真理を知る努力をし、真理を悟った人々がそれを伝えようと努力しているからだ。そこには真理の前では誰もがひざまずく謙虚さがある。大学で培われる人間性こそが美しいと詩はうたう。

「それなのに……」との思いで筆を執った。

一九七一（昭和四十六）年十一月十五日付のノートルダム清心女子大（岡山市北区伊福町）の学報「ＮＤ Ｂｕｌｌｅｔｉｎ（ブレティン）」の第一号。巻頭の発刊の辞には危機感とともに強い決意がにじんでいる。

＜今日、このような美しさが大学から失われたという。そしてそれは大学が大衆化し、職業化し、技術化したからだという。しかしもしそうだとしたら、そのような時代だからこそ、この大学固有の美しさを回復しなければならないのではなかろうか＞

学長に就任して八年目のことだ。

戦後のベビーブーム世代の若者たちがキャンパスにあふれていた。進学率の上昇とともに各大学は学部・学科の増設や定員増など拡大期を迎えていた。

その一方で、日米安保問題などをめぐり燎原《りょうげん》の火のごとく広がった学生運動を機に、大学の存在意義が問われていた時期だった。高度経済成長の繁栄の裏で公害問題がますます深刻化するなど、社会のひずみが露呈し始めてもいた。

学報は岐路に立つ大学の現状を見つめ、将来へのビジョンを学生たちに示す狙いで発刊した。「大学の現状を映し出す鏡としてその時々の動静を伝えてきましたが、通底しているのは、私たちが時代を超えて守り抜かねばならない建学の精神と呼ぶものです」

原則年四回の季刊誌は、二〇一五（平成二十七）年の秋までで一九〇号を数える。

「カトリック大学の目指すところはキリスト教的価値観に基づき、一人一人が自らの理性と意志で判断し、選択し、責任を負っていく『自由人』の育成にある。そこにこそ存在意義があると思います」

学長に就任以来、重圧に押しつぶされそうになりながらも耐え忍んできたのは、次の聖書の言葉を信じてきたからだ。

＜神様はその人の力に余る試練は決してお与えにならない＞

学内にある聖堂の鐘は開学時から毎日朝、昼、夕の三回鳴る。「お告げの鐘」という。かつてはその余韻が消えるまで手を休めて祈りをささげた。「私はその変わらぬ音色に、忘れてはならない自らの初心をかみしめています」

▶▶▶ズーム

ノートルダム清心女子大　中四国初の四年制女子大として一九四九（昭和二十四）年に創立。学芸学部（英文学、家政学専攻）の学生二十数人でスタート。現在は文学部（英語英文、日本語日本文、現代社会学科）人間生活学部（人間生活、児童、食品栄養学科）の二学部六学科に大学院（文学、人間生活学研究科）があり、学生数は約二千三百人。

よそ者　肩身狭く、困惑ばかり

まだ暗い早朝に東京を出て、岡山駅に着いたのは夜の八時を回っていた。新幹線のない時代。十四時間余り列車に揺られた。ノートルダム清心女子大に赴任したのは一九六二（昭和三十七）年九月。三十五歳の時だった。

振り返れば、ナミュール・ノートルダム修道女会の命令はいつも唐突だった。

三十歳を目前に東京・吉祥寺の修道院の門をたたき、どうにか集団生活に慣れたと思ったら、一年半後に渡米を言い渡された。そこで一年間の修練を終えると、今度はやぶから棒に〈博士号を取得せよ〉との命令が下る。三年間の猛勉強の末にやっと目的を果たして帰国したら、二カ月もたたないうちに〈岡山に行け〉と――。

「修道生活は何も書かれていない真っ白な紙にあらかじめ署名するようなもので、そこに後で何を書き込まれても全て受容していくしかないのです」

ナミュール・ノートルダム修道女会の日本での宣教は岡山の地で始まった。一二四（大正十三）

年に米国から派遣された六人のシスター（修道女）が清心高等女学校の運営に携わり、大学の前身となった岡山清心女子専門学校を設立するなど女子教育に取り組んできた。二九（昭和四）年には、当時〈東洋一〉と言われた校舎を建てた。正面玄関から入ってすぐのノートルダムホール本館と、聖堂がある東棟はその時の校舎で、昭和初期の近代モダニズム建築として、二〇〇七年に国の有形文化財に登録されている。

吉祥寺の修道院に入る前、実は〝お見合い期間〟として一カ月ほど構内の修道院で暮らしたことがある。その間、英語の授業を手伝ったり、修道女会の創立者であるジュリー・ビリアートの「完徳へのすすめ」を翻訳したりしたが、まさか岡山に来るとは思っていなかった。

〈そんな遠い所へは訪ねて行きませんよ〉

年老いた母はがっかりしたに違いない。そう言って娘を送り出した。

慣れない土地での暮らしは肩身が狭かった。正直、戸惑うことばかりだった。

当時、教員は四十人足らず。家庭的な雰囲気だったが、その分閉鎖性が強く、東京育ちの〝よそ者〟はなかなかその輪の中に入れない。早口で話す岡山弁もよく分からない。イントネーションやアクセントに違和感を覚えた。

「よく『これでよろしいか』と聞かれたのですが、語尾が強いと叱られているような感じがしていつもドギマギしていました」

修道院の中でも一番年下ということもあって気苦労が絶えなかった。最初は一つ一つの習慣を覚えるのに必死だった。例えば、食事の後片付けの時に皿を拭く布巾とテーブルを拭く布巾の区別があり、最初はよく分からなかった。

そして一年。まだまだぎこちない生活が続いていたとき、学内に衝撃のニュースが飛び込んできた。

学長就任　予期せぬ抜てきに驚き

突然の訃報に学内は動揺した。

一九六三（昭和三十八）年八月五日、ノートルダム清心女子大の二代目学長、シスター・エーメー・ジュリーが急逝した。七十三歳。広島に滞在中に発病し、療養中だったが容体が急変したらしい。

大正末期にアメリカから来岡した六人の宣教師の一人で、初代学長シスター・メリー・コスカとともに大学の礎を築いた人だった。悲しみのうちに大学葬を営み、初代学長の眠る京山カトリック墓地（岡山市）に埋葬した。

一段落すると、当然のことながら後任の学長人事が焦点となる。誰が三代目になるのか――。初代も二代目も共に経験豊かな七十代の米人シスターだった。その流れでいくと、学長を補佐する学監の職にある五十代の米シスターが有望だろう。それが大方の見方だったが、結果は意表を突くものだった。

学長就任式で花束を手にした渡辺さん＝1963（昭和38）年10月22日

「自分でも驚きました。私がよそから来て横取りしたようにお感じになった人がいたかもしれません。ただ、学生たちは喜びましたね。初の日本人学長で若かったから、お姉さんみたいに感じたのでしょう」

岡山に来てわずか一年。シスターでは一番下で、この大学の卒業生でもない。「そんな私がなぜ……」との思いが強かったが、厳格なカトリックの世界に生きる身では異を唱えることなどできない。

＜三十六歳の日本人学長誕生＞

2代学長、エーメー・ジュリー＝同

初代学長、メリー・コスカ＝ノートルダム清心女子大提供

抜てき人事のニュースは社会的にも大きな反響を呼んだ。

カトリック系大学では初めてのケースだったこともあって、新聞をはじめマスコミが大きく取り上げた。一部の女性週刊誌は幼少期からの写真をちりばめた特集を組む熱の入れようだった。

二代目の死は思いがけなかったとはいえ、日本人学長を誕生させる布石は打たれていたのかもしれない。

この年の一月、ナミュール・ノートルダム修道女会の総本部（ローマ）は、これまで米・マサチューセッツ管区に属していた日本の修道院を独立させて日本准管区を発足させた。それは各修道院に関係する教育施設も同じだった。

終戦から二十年近くたって日本人を軸に据えた運営に方針を切り替えたのだ。

「そう考えると、総本部からの渡米、博士号取得、岡山配属という三つの命令が一本の線でつながってきます。でも、それは今となっては確かめようがありませんけれど……」

就任式は十月二十二日に行われた。新学長は初々しく、まっすぐな視線で学生たちに希望を語りかけている。

〈愛されるよりも愛することを、理解されるよりも理解することを、そして与えられるよりも与えることに喜びを見いだす人になってほしい〉

それは周囲からの風圧が強まるであろう、これからの自分にも言い聞かせていたのかもしれない。

くれない族　余裕と自信失い悪循環

神経をすり減らす財務や人事の仕事をはじめ、日々、会議や電話、来客の応対に追いまくられた。専属のペンキ屋さんや構内の掃除をしてくれる人たちのその日の仕事を決めることも当時は朝の日課になっていた。

教育者として「人格論」「道徳教育」の週四時間の授業も欠かさず担当した。新入生の相談に応じるアドバイザーも兼ねていたから昼食がとれない日もよくあった。

ノートルダム清心女子大の学長に就任した当初は、不慣れなこともあって目が回るほどの忙しさだった。

前任者から引き継いだ懸案事項も抱えていた。

戦後の第一次ベビーブーム世代の進学や教育熱の高まりを受け、学科の新設や付属幼稚園、小学校の開設など学園の量的な拡大路線を実行するタイミングにも直面していた。

学長というポストは政治的な手腕も要求される。外部との交渉事ではいつも三十代半ばという若さが邪魔をした。「自分が若いことを頼りなく、恨めしく思う日もありました」


大学ではトップでも、修道院に戻れば一番年下で修道年数も一番短い。ジレンマにも悩んだ。疲れ果てて帰ってきても誰も慰めてくれなかった。〈大変ですね〉とも〈お疲れさま〉とも声を掛けてくれない。笑顔であいさつしても返してくれない。分かってくれない。感謝してくれない。親切にしてくれない。褒めてくれない……。

ストレスがどんどんたまっていった。自信をなくし、完全に余裕を失っていたのだろう。業務でも日常生活でも小さなことに腹を立てたり、落ち込んだりすることが増えていった。

「私自身に気負いやおごりがあったのでしょう。自らの感情を抑え切れず、いつの間にか『くれない族』になってしまいました」

〈あなたの器の大きさは、心を乱すものの大きさと同じです。ささいなことで思い煩うようでは、あなたはそれだけの器ということなのよ〉

今でも折に触れて母のこの言葉を思い出す。

高等小学校を出た母が陸軍大将の父の地位にふさわしい教養を身につけるまでには相当の苦労があったはずだ。辛抱は美徳である――。母が自らの体験から得た境地だった。

当時を振り返ると、思い出す卒業生の顔がある。

「よほどかわいそうだと思ったのでしょう。ある学生がキャンパスのイチョウの落ち葉の裏に激励の言葉を書いてプレゼントしてくれました。うれしかったですよ。彼女、もう七十歳前後になっているのかな」

しかし、複雑な人間関係を乗り越えていくにはまだまだ時間が必要だった。

「こんなはずじゃなかったと後悔するばかり。そんな自分に嫌気が差してさらに落ち込んでいく悪循環。切羽詰まった状態でした」

詩の心　変わらなければ、同じ

〈Where God has planted you you must blossom〉

英文の短編詩は一枚の紙片にタイプライターで打たれていた。

二百万部を超えるロングセラーになっている著書「置かれた場所で咲きなさい」のタイトルの原型となった冒頭の一節だ。

その紙は顔見知りのベルギー人の神父にもらった。出典は分からない。彼の創作なのかもしれない。

詩はこう続く。

〈咲くということは、仕方がないと諦めることではなく、笑顔で生き、周りの人たちも幸せにすることです。神様があなたをここにお植えになったのは間違いではなかった、ということを証明しながら生きることです〉

つらい時、置かれた場所を嘆くばかりではなく、そこで人生の花を咲かせるために心の持ち方を変えることはできないか。詩は静かに訴えている。

ノートルダム清心女子大の学長に就任した直後で、その重責に耐えかねていた時だった。複

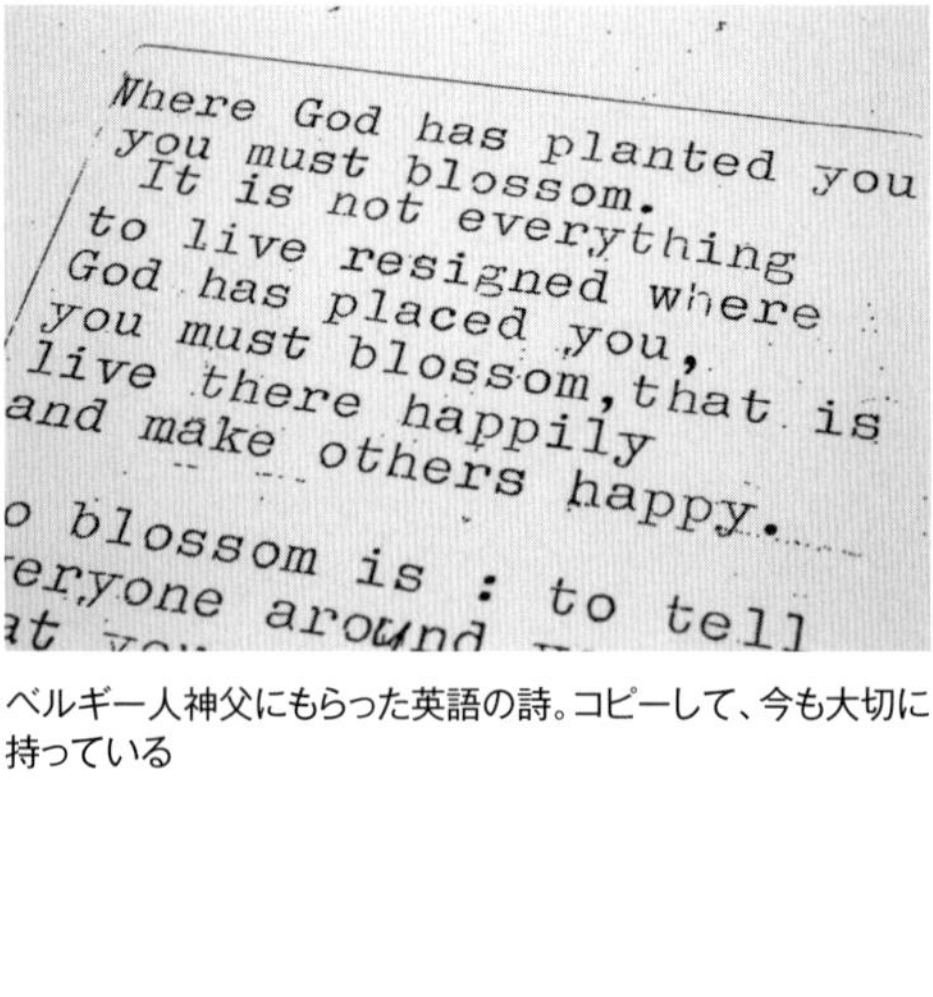

ベルギー人神父にもらった英語の詩。コピーして、今も大切に持っている

雑な人間関係に悩み、修道院を出ようかとまで思い詰めていた。

岡山カトリック教会（岡山市北区天神町）に所属していた神父は大学の構内にある聖堂で行う早朝のミサをつかさどっていた一人だった。

「そのお世話を私はしていました。それまで一度も言葉を交わしたことはありませんでしたが、当時の私を見るに見かねたのでしょう。ミサが終わった後、そっと手渡してくれました」

一読してすとんと胸に落ちた。その時、すぐに気持ちを切り替えることはできなかったが、後の人生で読み返すうちに詩の行間にある深みを知った。

もう一人、学生時代から七年間、上智大で働いていた時の元上司で、修道会入りを勧めてくれたアロイシャス・ミラー神父の言葉にも救われた。

会議で上京した際に会って「こんなはずじゃなかった」と愚痴をこぼすと、笑いながらこう言った。

〈どこに行っても、何をしても、あなたが変わらなければ同じだよ〉

一瞬にして全てを見透かされたのかもしれない。

目から鱗《うろこ》だった。

「だからね、私変わったんですよ。少し時間はかかりましたが、自ら進んであいさつし、お礼を言うようにしました。そうしたら学校が明るくなりました」

学長になったばかりのころは何もかもが初めてで、驚き、戸惑いながらあいまいな時間が過ぎていった。しかし、変身することで明確な目標という光を見いだし、心の平静を取り戻すことができた。

「境遇を選ぶことはできなくても生き方を選ぶことはできるんですね」

詩の心が、今ではよく分かる。

終生誓願　修道者の宿願を果たす

「学長というのは決して華やかなものではなく、寂しいものなんですね」

一九六三（昭和三十八）年十月、三十六歳でノートルダム清心女子大のトップになって初めて知った孤独だった。

自分一人の力でできることはしれている。誰に、何を、どこまで任せたらいいのか。その見極めが難しい。常に決断を迫られるが、困った時の言い訳や周囲への愚痴は禁物だ。人間関係で身動きがとれないような時でも一人で耐えていかなければならない。

失敗すれば周囲から批判されるだろう。それが自らの愚かさのせいだと分かったときはひどい自己嫌悪に陥ることもある。

「いくら若くて経験不足だと言われても、使命を果たすためにはやり遂げるしかありませんでした」

教授としての仕事もおろそかにできない。

当時は週四時間、二年生以上の希望者に「人格論」、四年生に「道徳教育の研究」の講義を持っていた。人間の尊厳や人類愛の大切さを説く「人格論」ではまず礼儀や自分の名前を大切にすることを教える。

二十七年間務めた学長を退任した後も続けているライフワークとも言える講義で、今でも教壇に立っている。

もちろん、神と人に仕える修道者としての原点を忘れてはならない。祈りと感謝とともに人に寄り添っていくこと。学長と教授と修道者と。それぞれの高みを目指しながらも、信仰の道が人生の基軸であること。

「やはり第一には修道者でありたい、そうでなければならないと自らに言い聞かせてきました」

学長に就任した翌年の六四年は修道者としての大きな節目となった。七月三十日、晴れて「終生誓願者」となり、長年の宿願を果たした。

カトリックの世界では志願期―修練期（見習い）を経て、一年ごとに神への誓いを新たにする有期誓願期となり、神に人生をささげる覚悟ができたところで終生誓願を宣立する。

一生涯の約束を記した誓願書が残っている。

＜全能永遠なる天主　崇《あが》むべき聖三位　私シスター・セント・ジョン・ザ・バプティスト謹《つつし》みてお御足《みあし》のもとに平伏し……＞

心をこめた文章は、こう続く。

＜清貧、貞潔、従順を永久に誓い（中略）修道会にて特に若き青少年の教育に努め奉《たてまつ》る＞

万年筆でしたためた一つ一つの文字からは、自らが持つエネルギーの全てを信仰と教育に注ごうとする決意が伝わってくる。

拡大・発展期　独立独歩の体質に改善

ノートルダム清心女子大の児童学科創設五十周年を祝う記念式典が二〇一四年十二月十四日、同大で開かれた。卒業生ら約三百人が見守る中、初代の学科長を務めた旭川荘名誉理事長の江草安彦さん＝一五年三月、八十八歳で死去＝も姿を見せ、創設時の苦労話などを予定の時間を越えて熱く語った。

「江草先生は頼れる人で遠慮なく苦言、進言してくれました。初めて岡山の地に来て、私がここまでやってこられたのは先生のおかげだと感謝しています」

創設以来、苦楽を共にしてきた〝盟友〟は、どんな時でも＜シスターはいつまでも修道者であることを第一にしてください＞と笑顔で励ましてくれたという。

学長に就任した翌年の一九六四（昭和三十九）年四月、家政学部（現・人間生活学部）に懸案だった児童学科を新設した。幼稚園や小学校教諭、社会福祉事業のスタッフやカウンセラーの育成を目指す。当時、児童学科を持つ四年制大学は国公立を合わせても七校しかなかった。

これを境に幼児教育の充実に取り組んだ。

中・高校の倉敷市への移転に伴って翌春に実習園となる付属幼稚園（二年保育）を構内に開園し、初代園長を兼務した。宗教教育とともに英語教育や子どもの自主性を育むユニークな「モンテッソーリ教育」を実践。入園児が学童期に達すると、岡山県内初の私立小学校の開設にこぎ着け、ここでも校長を務めた。

その間には、家政学部に食品・栄養学科を増設。新しい図書館（総工費一億五千万円）や冷暖房を完備した中央研究室館（現在のジュリー・ホール、同一億六千万円）が相次いで完成した。

大学の基礎固めが急務だった五〇年代は設立母体であるナミュール・ノートルダム修道女会からの多額の寄付金で運営していたが、六〇年代以降は海外からの資金援助なしで全ての事業を進めていった。

「大学の拡大・発展期は、学校経営を独立独歩の体質に改善していった時期でもありました」

キャンパス内では今も元気な園児の歓声が来訪者を迎えてくれる。

園長を兼務していた当時は大学を抜け出してしょっちゅう子どもたちに会いに行っていたらしい。

「そうしたら学生たちが皮肉を言うの。『うちはノートルダム清心幼稚園付属大学ですか』ってね」

構内には小学校もある。

校長時代の渡辺さん（前列左）と江草さん（前列右）＝清心女子大付属小学校

その開設に当たっては児童を集めるのに苦労した。たっぷり冷や汗もかいた。開校したら開校したで、保護者の猛反対に遭いながら弁当持参に踏み切った。苦労は数知れないが、今となっては何もかもが懐かしい。

「幼児教育の経験のない私をいつも支えてくださったのが江草先生。『内容で勝負しましょう』とよく言っておられました」

▼▼▼ズーム

モンテッソーリ教育　イタリアの女医、マリア・モンテッソーリ（一八七〇～一九五二年）が始めた幼児教育法。子どもを一人格とみなしてその成長、発達を促す。教具を幼児自らに選ばせ、自分の力で作業するなどして独立心や集中力を養っていく。日本には大正期に伝わり一九七〇年代にブームとなった。

河野牧師　その温顔に元気もらう

＜天の父さま／どんな不幸を吸っても／はくいきは／感謝でありますように／すべては恵みの／呼吸ですから＞

ノートルダム清心女子大の正面玄関に、この短い詩が額縁に入れて飾られている。

プロテスタントの牧師として神に仕え、心温まる珠玉の詩を残した故・河野進さんの作品だ。薄紙にさらさらと毛筆で書いている。平明な言葉の一つ一つにその人柄がしのばれる。

「一生のうちには苦しいことも悲しいこともありますが、人には吸い込んだ不幸を感謝に変える力が与えられています。この詩のように何事もありがたいと受け止められたら素晴らしいですよね。そのことを先生はそっと教えて励ましてくださいました」

「いつも元気をいただいている」という他の作品も学生用の玄関やチャペルに飾っている。

初めて会ったのは学長の重責に苦しんでいた時だった。その人は大学近くの奉還町商店街で買い求めたほっかほかの大判焼きを提げて、ぶらりとやって来た。

「三人のお孫さんがうちの幼稚園に通われていたというのもあって来てくれたのだと思います。飾り気のない人柄とその温顔《おんがん》が印象的でした」

以来、何度か自作の詩を持って訪ねてきてくれた。詩は新聞広告などの紙切れやお菓子箱の板などによく書かれていたという。

当時、河野さんは倉敷市玉島地区で保育園の理事長を務めていた。幼い子どもたちと無邪気に遊ぶ姿からだろう、玉島の円通寺で修行した江戸時代の禅僧・良寛に重ねて、その人柄と行動が語られた。

半世紀以上にわたって瀬戸内海に点在する国立ハンセン病療養所の長島愛生園（瀬戸内市）、邑久光明園（同）、大島青松園（高松市）で慰問・伝道活動を続けたことでも知られた人である。先輩牧師で社会運動家の賀川豊彦氏の「死線を越えて」を読んで共鳴したからだ。

愛と善意で貧困やハンセン病で苦しむ人の救済に生涯をささげた修道女、マザー・テレサを支援する運動にも力を注いでいた。

「母の日」の二〇一五年五月十日、河野さんの詩の朗読会が吉備路文学館（岡山市北区南方）であり、母への思いをつづった詩など六十編が紹介された。倉敷市玉島地区の有志でつくる「ぞうきんの会」が主催した。

園児に囲まれて楽しそうな河野さん。そのまなざしは深く、温かい＝1987（昭和62）年、倉敷市・富田保育園

会場にはノートルダム清心女子大付属幼稚園に通っていた河野さんの孫やノートルダム清心女子大の学生たちの姿があった。

「私も参加させていただき、心の安らぐひとときを過ごすことができました。あらためて、先生の深い信仰と無私の姿を思い起こしました」

▼▼▼ズーム

河野進（こうの・すすむ）　和歌山県生まれ。賀川豊彦の母校・神戸中央神学校で学び、一九三〇（昭和五）年、牧師として日本キリスト教団玉島教会に着任。社会福祉法人・恵聖会（富田保育園、児童養護施設玉島学園）の理事長などを歴任。九〇年に八十六歳で死去。二〇一三年二月、詩集「ぞうきん」（幻冬舎）が発刊された。

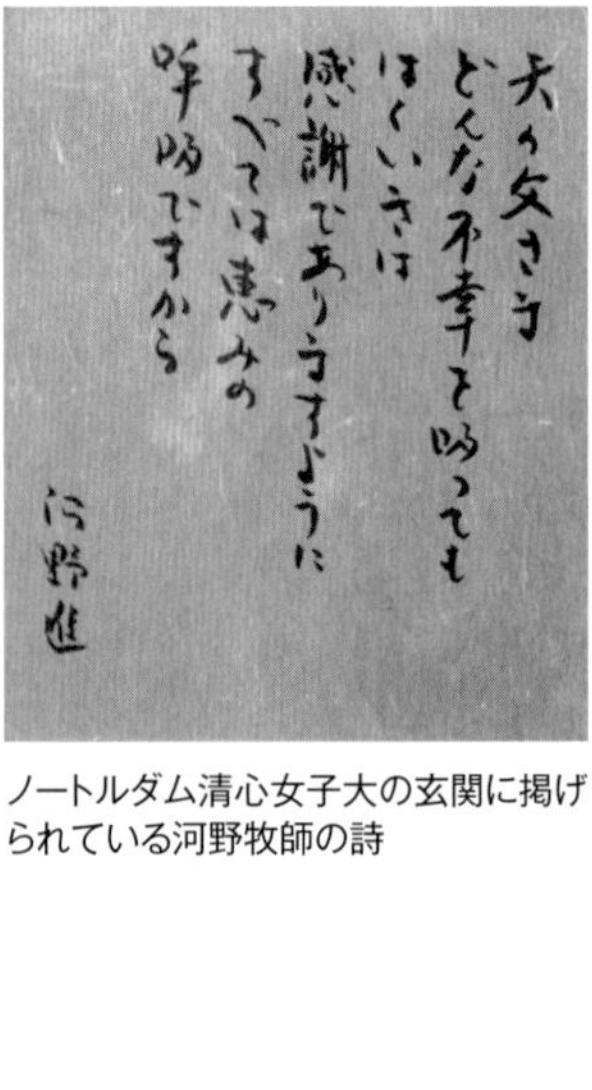

ノートルダム清心女子大の玄関に掲げられている河野牧師の詩

ウィーン会議　講演で「心の問題」提起

英語でのスピーチは世界で唯一の被爆国の代表として、科学万能主義への疑問を投げ掛けたものだった。

「科学技術もそれに伴う人間性の向上なくしては、かえって人類を破滅に導く恐れがある。人間相互の信頼感を育てることなしに世界平和は望めない」

講演が終わると、イタリア・ルネサンス風の風雅なセレモニーホールを埋めた聴衆から大きな拍手が湧き起こった。

一九六九（昭和四十四）年八月下旬、オーストリアの首都ウィーンで、世界平和のために大学の果たす役割を考える「世界会議」が六日間にわたって開かれた。世界五十一カ国から百七十人余りが参加した中で、講演者の一人として演壇に立った。

参加者には科学技術者の養成機関としての大学の存在価値を強調する人が多かったが、宗教家の立場から、それを利用する人の問題を提起し「心を置き去りにしてはならない」と主張した。

そのころ、東西冷戦下でのベトナム戦争が泥沼化し、全米に反戦デモが広がっていた。リビアで軍事クーデターが起きたのはこの年だ。日本でも学生運動が燃え盛っていた。

大会で最も印象に残ったのは、ナチスの強制収容所での生活をつづった「夜と霧」の著作で知られる地元ウィーン大のビクトル・フランクル教授（精神科医）の講演だった。

「人は『意味』で生きている」という内容だった。

戦争に反対する最大の理由は人命の喪失にある。しかし、生き永らえることだけが、必ずし

ウィーンで開かれた世界会議に参加した渡辺さん（前から2人目）。公式用語は英、仏、独語で、同時通訳の便宜が図られていた

フランクル教授が描いた自画像（スケッチ）

も生きることではない。人は将来への希望に支えられてこそ、今の生活に意味を見いだせる。そのことで初めて生きることができるのだ、と。

実感のこもった、胸に迫る話だった。

収容所で九死に一生を得たフランクル教授は、根っから陽気でユーモアとウイットを愛する人だった。

「そうでなければ、死が日常的である極限状態を生き延びることなどできなかったのでしょうね」

教授は、自らの苦悩と死の代わりに愛する人の苦痛を取り払ってくれるよう天に願ったという。それがかなうならば、死でさえ意味のあるものになる。そう信じた。苦しみに意味が見いだせるとき、それは苦しみを乗り越え、さらにはそれを喜びに変えることさえできると。

「その自己犠牲に深い感銘を受けました」

講演後にそう告げ、日本で著作が広く読まれていることを伝えると子どものように大喜びした。

配布された講演資料の裏に、その場で自身が講演している姿を描いてプレゼントしてくれた。学会出席のためたびたび日本を訪れていたからだろう。カタカナで「フランクル」のサインも入れてくれた。

▼▼▼ズーム

ビクトル・フランクル　一九〇五年、ウィーン生まれ。ウィーン大医学部に学び、精神分析学のフロイトらに師事。第二次世界大戦中、ユダヤ人だったためアウシュビッツ強制収容所などに三年間入れられた。その体験を描いた著書「夜と霧」（四七年）が世界的な反響を呼んだ。五五年にウィーン大教授に就任。人格的心理療法「ロゴセラピー」を提唱したことでも知られる。九七年、九十二歳で死去。

最後の一夜　娘に戻って母に添い寝

東京の姉からの電話と聞いて、急に胸がざわついた。悪い予感は的中した。

〈お母さまがいよいよ危ないらしいから、できるだけ早く帰ってきなさい〉

一九七〇（昭和四十五）年十二月二十四日、クリスマス・イブの昼下がりだった。ノートルダム清心女子大では、真夜中のミサの準備にみな忙しくしていた。

ミサに訪れる卒業生や学生に心を残しながらもタクシーを飛ばして岡山空港（岡山市南区浦安南町、現・岡南飛行場）に急いだ。運良く空席があったが、臨終には間に合わなかった。大学を出発してすぐに母は息を引き取ったらしい。搭乗手続きの直前に知らされた。

それからの時間はむなしいものでしかなかった。

空路は二時間。羽田空港から荻窪の実家までは普段なら車で一時間もあれば十分だったが、クリスマス・イブの当日は大渋滞に巻き込まれ、着いたのは夜の九時を回っていた。

玄関から広間を隔てた奥の居間で、母は棺の中に横たわっていた。八十七歳。苦労続きの人生だっただろうに安らかな顔をしていたのが救いだった。病院暮らしの晩年は恍惚《こうこつ》の人となっていたが、その顔には再び、陸軍大将の妻として、気丈な母としての気品と尊厳を漂わせていた。

額にそっと触れると冷たかった。手のひらから死の事実が伝わってくる。その感触は三十四年前、父の屍《しかばね》に触れた時と同じだった。

大雪が積もった朝、二・二六事件の凶弾に倒れて父が死んだのは、いま母が眠っているこの居間だった。幼かったころ、この部屋で父と母の間で「川」の字になって寝ていた記憶もよみがえってきた。

最後の夜だけは一人の娘に戻って、居間に床を敷いて添い寝した。「母の顔を飽くことなく眺めながら、まんじりともせずに冬の一夜を過ごしました」

「洗礼を受けたい」と懇願した時も「修道院に入りたい」と切り出した時も母は反対した。しかし、自分はこの道を選んだ。

母は勝ち気な娘のことが心配だったのだろう。

母・すゞの遺影。生前、葬儀のために用意したという。「私が米国に留学していた時だったと姉から聞きました」と渡辺さん

〈あの子がいつ帰ってきてもいいように〉と、娘の着物など身の回りの物を大切に保管していた。娘の米国行きが決まった時は〈あの子が帰ってくるまではどうしても生きていてやらなければならない〉と周囲に漏らしていたという。

葬儀はクリスマスを避けて二十六日に行った。それは父の月命日でもあった。

東京の街には朝から雪が降っていた。

追憶　大きな愛思う母の形見

かつて山梨県・韮崎に一緒に疎開しためい（姉の次女）から二〇一四年の秋、手紙をもらった。近況を知らせる便せんには、生前の〝ばぁちゃま〟（母）の様子も記されていた。

＜和子が修道院に入る時、本当につらかった＞と知人に漏らしていたこと、米国留学から帰国したばかりの娘が岡山に赴任することになった時に＜和子の幸せのためなら我慢します＞と気丈に振る舞っていたことなどが記されていた。

「あらためて母の大きな愛を知り、涙がこぼれそうになりました」。母を追憶する時、感謝以外の言葉はない。

ノートルダム清心女子大の学長になってからも年に一、二度、上京の際に実家に立ち寄ってはいた。ほんの数時間の語らいだったが、母は別れ際に決まって＜あなたにはおつとめがあるのだから、何があっても帰って来ないでいいよ＞と言った。

が、その顔はどこか寂しげだった。

「娘への遠慮というよりも、期待しないことで失望しないようにする、母の長い間の苦労を経ての習い性がそう言わせたのかもしれません」

自らが耐えることで娘の幸せを願った母も一九七〇（昭和四十五）年十二月に亡くなる一年ほど前から都内の病院に入院していた。認知症が急速に進み、そのころは自分の娘を見分けることもできなくなっていた。学長としての多忙な日程の中でどうにか時間を見つけて岡山から見舞っても、うつろな目で声のする方を見るだけだった。

「変わり果てた姿を見るのはつらかったのですが、母にはその方がよかったのかもしれません。神様が人様に世話になる負い目を感じないで済むようにしてくださったのでしょう」

母が死んだ翌日、お世話になった病院を一人で訪ねると、病室のベッドはもう次の人のための準備が進んでいた。その時、部屋の片隅にぽつんと置かれていた色あせた数本の造花が目に入ってきた。そこには赤い布切れと

「二・二六事件」の前年の渡辺一家（左から父、渡辺さん、次兄、長兄、母・すゞ）。幼少期は母が嫌いで、父が大好きだった。「だから、父のそばにいる写真が多い」と渡辺さん＝1935（昭和10）年

赤、黄、ピンクの毛糸玉もあった。

造花は母の慰みにと、世話をしてくれた看護師が作ってくれたものだった。布切れは娘が修道院に入るまで着ていた錦紗《きんしゃ》の羽織の布で、毛糸玉はセーターを編んだ残りもの。寝たきりの母が手すさびに転がしたり、指先で触ったりしてよく遊んでいたらしい。

「そのことをお聞きして言葉が出ませんでした。母のまなざしをいっぱい受けたであろう、これらの品々を私はせめてもの形見にといただいて帰り、今でも大切に持っております」

運命のいたずらだろうか。母の死からちょうど一カ月後、まだ悲しみが癒えないうちに大切な人をさらに失うことになる。

「あの日」からずっと持っている母の形見

神父の死　突然の訃報に言葉失う

上智大で長く教授を務めたアロイシャス・ミラー神父とは学生時代に出会って以来、最期の時まで不思議な縁で結ばれていた。

その死は突然だった。

一九七一（昭和四十六）年一月二十四日朝、心臓まひを起こして学内で急逝した。六十歳の若さだった。

訃報はすぐさま東京・荻窪の実家に届いた。

「たまたまミラー神父の机の上に私の名前（修道名シスター・セント・ジョン）を書いたメモがあったらしく、すぐに知らせてもらうことができました」

その日はちょうど一カ月前に亡くなった母の納骨の日で、神父も多磨霊園（東京・府中市）に同行する予定になっていた。そのことを約して数日前に都内のホテルで会食したばかりだったから、にわかには信じられなかった。しばらく言葉が出なかった。

母の納骨を終えると、取るものもとりあえず上智大へ急いだ。葬儀のミサは二十六日に上智大に隣接する聖イグナチオ教会で行われた。

「私にとって父のような人でした」というミラー神父

「私は東京滞在を日延べして参列し、大学から教会まで遺影を持たせていただきました」

＜それでもあなたはクリスチャンですか＞

終戦の四カ月前、十八歳で洗礼を受けたばかりのころ、母からよく言われた。

「そんな私に信仰の道を身をもって教えてくれたのがミラー神父でした」

人のためというより、傲慢《ごうまん》だった自分を変えたいというのが入信の動機だったが、アルバイト時代を含めて七年間、上智大国際部（現・国際教養部）のオフィスで働くうちに目の開かれる思いがした。

神父は戦後間なしに米国から派遣されてきた四人のイエズス会員の一人で、進駐軍の兵士やその家族らを受け入れる国際部の開設に尽力した。その胸には一生をキリストにささげようとする誠実さがあった。報酬を求めない親切、人を許す寛容な心があった。

「仕事は厳しい人でしたが、母と同じく、私を大きな愛で導いてくれました」

出会って以来、自分中心の、自分の不足を補うための手段としての信仰は、他人のために奉仕するものに変わっていった。

「私は上京するたびにミラー神父を訪ねましたし、神父も私を待ってくれていたようです。

人づてに『シスターが上京するのをいつも楽しみにされていましたよ』と聞いて、涙が出そうになりました」

母の訃報に慌てて上京した時もわざわざ羽田空港まで迎えに来て、そのまま荻窪の実家まで付き添ってくれた。修道院に入る時もいろいろ相談にのってくれたように、人生の岐路にはいつもその姿があった。

ミラー神父は自室のそばの廊下にあった電話室の中で倒れて息を引き取ったという。最後に誰と話していたのだろうか。親しい人の間で話題になったが、知る人は誰もいなかった。

<それは天使でしょう>

そう言って、周囲は神父の死を惜しんだ。

ブラジルの旅 「人間らしさ」を考える

真夏の日本を旅立ったジェット機は丸一日かけて真冬のブラジルに到着した。

一九七四（昭和四十九）年七月、初めて南米の地を訪れた。日本から移住したサンパウロ在住の人々の熱心な招きで、約五十日間にわたって現地の日本語教師のための講演会や幼児教育に関する講習会などを開いた。

会場はいつも満員で、どこへ行っても心のこもった歓待を受けた。
〈明るく元気な子に／感動と共感呼ぶ〝渡辺式の幼児教育〟／〝すし詰め〟講習会〉（日伯毎日新聞）

日系人向けの地元紙が一面トップで取り上げたこともある。教育だけでなく、戦後目覚ましい発展を遂げた日本の姿を話すと、誰もが一様に故国を懐かしんだ。ときには徹夜で話し合うこともあった。

戦前はもとより、戦後も日本の移民は国策として推進された。高度経済成長期の前は戦地からの引き揚げ者やベビーブームで膨張した人口の〝はけ口〟として多くの人々が新天地を目指した。

しかし、言葉も通じない、習慣も異なる現地での生活は辛苦の連続だったようだ。みな貧困や差別に歯を食いしばって耐え、働いた。

「日に焼けた顔や節くれ立った手にご苦労がしのばれるのみで誰も愚痴めいたことは口にしませんでした。みなさん親切で温かく、その豊かな心に感激しました」

広大なブラジルでは、ペルーやボリビア経由を含めて移動に二十数回も飛行機を乗り換えた。知る人は一人もなく、水にも食料にも慣れない土地での不安だらけの一人旅だったが、得るものは多かった。移住者との交流を通して「便利な生活の中で失いがちな絆に触れることができました」。

本当の豊かさとは何か。「足るを知る」生活とは何か。そんなことを考えさせられる旅でもあった。

路上に腹の突き出た子どもたちが裸で座っている。赤ん坊を抱いたうつろな目の女たち……。みな食うや食わずの生活をしているのだろう。ブラジル東北部のサンルイスからバスに揺られて六時間余り。米国から派遣された宣教師の案内で訪ねた赤道直下のコロアタ地区は極めて貧しかった。

平均寿命は四十歳。生まれた子どもの半数が幼くして死んでいく。学校もなければ病院もない。電気やガスはもちろん便所もない。平穏な暮らしにどっぷり漬かっている身には、何もかもが衝撃的だった。

ここでの宣教師の仕事は学校教育や社会福祉を充実させることの前に、まず人が人であることの尊厳に気づかせることにあった。人間らしさとは何か。日本で問われるそれとはおのずと異なることを直視せざるを得なかった。そして、自らの無力さを思い知った。

「だからこそ行ってよかったと思います。地球の反対側から日本を見て、いろんな気づきがありました」

人生の穴　病得て人の優しさ知る

講義中なのに、急に言葉に詰まって話せなくなった。何をするにも集中できない。会議の途中で眠り込んでしまうことさえあった。体の異変に気づいたのは一九七七（昭和五十二）年の夏。最初は疲労のせいだと軽く考えていたが、その時はもう遅かった。

重いうつ病にかかっていたのだ。

すぐさま神戸のカトリック系病院に入院し、投薬治療を受けた。人目を避けて外国人専用の病棟にしてもらった。事の重大さにまだ気づかず、病室に学生のリポートを持ち込んでいたが、何度読んでも頭に入らない。もう、学長は無理なのか……。そんな不安が胸いっぱいに広がった。

「働き盛りの五十歳。学長職にも慣れて頑張ってきたのに『どうして私が……』と神様を恨み、愚痴を並べました。悔しいやら情けないやらでいっそ死んでしまいたいと思うほど追い詰められていました」

過労が原因なのは明らかだった。ノートルダム清心女子大の学長と教授を兼務するだけでも大変なのに、前年六月にはナミュール・ノートルダム修道女会の日本管区長に就任し、その重責がのしかかっていたからだ。

これまで米管区の支配下にあった日本は六三（同三十八）年に准管区となって独立し、二年前にアジアで唯一の管区に昇格した。当時、日本管区には米国人十四人を含め総勢六十八人の会員がいた。

管区長館がある東京・吉祥寺には会議のたびに上京しなければならなかった。

今は選挙だが、当時はローマ総本部の総長が管区長を任命していた。学長としての十数年のキャリアと実績が信頼を得たのだろう。名誉なことではあったが、過度なストレスと激務で疲れ果ててしまった。日ごろから意志さえあれば、何でもできると思っていたが、心と体は正直だった。


二カ月間の入院で修道院に戻ったものの、完治するには二年かかった。

その間、周囲の心遣いが心にしみた。

＜これまで人一倍働いてきたのだから……＞と同僚のシスターたちは優しくしてくれた。自己嫌悪に陥ってはいないかと心配して見舞ってくれた精神科医は＜この病気は信仰とは無関係。きっと良くなりますから＞と慰めてくれた。

そして、学長補佐の職にあった江草安彦さん＝二〇一五年三月、死去＝はこう言って励ましてくれた。

＜シスター、運命は冷たいけれども摂理は温かいものですよ＞

「この世で起きた不幸をどうしようもない運命と嘆くのではなく、神の摂理と思えば前向きになれる。病を得たおかげで私も少し成長できました」

摂理とは人智を超えた神が配慮して与えてくれる恵みである。思いがけない病気や挫折で心にぽっかり穴が開いたとき、物事が順調だったころには全く見えなかったものが見えてくる瞬間がある。

それは人の優しさであったり、自らの傲慢《ごうまん》さへの気づきだったりするのだろう。

美智子さま　末席の心に人柄にじむ

うつ病で神戸市内の病院に入院していた時、思いもよらない人から連絡があった。岡山インターハイ（全国高校総体）に臨席された皇太子妃時代の皇后美智子さまだった。

「私は聖心女子大の一期生で美智子さまは七期生。同窓の縁で、会ってお話がしたいとのことでした」

岡山インターハイに臨席された皇太子ご夫妻（現・天皇、皇后両陛下）と浩宮さま（現・皇太子さま）＝1977（昭和52）年8月3日、岡山県陸上競技場

病気のことは伏せて一九七七（昭和五十二）年八月一日の夜、宿泊先の岡山国際ホテル（岡山市中区門田本町）に伺った。敷地の周りには、警護のためだろう警察犬が何頭も出ていたのを覚えている。

美智子さまは純白のブラウスに空色のロングスカート姿。穏やかな笑顔にリラックスした様子がうかがえた。

共通の恩師である聖心の初代学長マザー・エリザベス・ブリットの思い出からサンテグジュペリの「星の王子さま」のことなど誰に気兼ねもなく二人きりで話した。岡山特産のマスカットと白桃をおいしそうに召し上がりながら話題は縦横に広がっていった。

「星の王子さま」の中では、一分間に一回

自転するために一分ごとにガス灯をつけたり消したりしている「点灯夫」がお好きだという。

その理由を伺うと、こうお答えになった。

〈あの人だけが人のために働いているからです〉

五十三万人が沿道を埋め尽くしたという一九五九（昭和三十四）年四月十日の馬車でのご成婚パレードは米国の修練院のテレビで見た。以来、民間出身のお妃《きさき》として、人知れぬご苦労もあったことだろう。時には愚痴をこぼしたくなることもあったはずだが、そこにはいつも笑顔があった。

夏の一夜の語り合いで、美智子さまのお人柄を示す言葉が印象に残った。

〈私どもはいつも上席につかされておりますが、気持ちは末席にいるつもりでおります〉

「その立場からして上席以外の席にはおつきになれないけれど、謙虚な気持ちを忘れずにいたいという思いを知って、ただただうれしくなりました」

初対面ながら楽しいひとときを過ごすことができて正直、ほっとした。神経のこまやかな美智子さまのことだから、こちらの病気を察していたかもしれないが、喜んでくださったようだ。

その後、学長の職を退いてからも美智子さまからのお誘いを受けてプライベートな誕生会に出席したり、二人での食事に招かれたりした。

「本当に気配りの行き届いたお方で、私の著書をお贈りすると、いつも感想を添えた丁寧なお電話をいただくんですよ」

マレーシア奉仕団　学生の発意で国際交流

ノートルダム清心女子大がマレーシアで奉仕活動を始めたのは一九八〇（昭和五十五）年だった。七五年のベトナム戦争終結以降、ボートピープルと呼ばれるインドシナ諸国からの難民問題が社会的な関心を集めていた中で、「東南アジアの人たちの役に立ちたい」という学生たちの強い要望が原動力となった。

最初の奉仕団は学生二十五人に教職員を含めた計二十九人。夏休みを利用して八月末から約二週間、首都のクアラルンプールにある心身障がい者施設で、そこに入所している人と一緒に手芸品を作ったり、機能回復訓練を手伝ったりした。

その際、学生と父母や同窓生、付属小学校の保護者らからの募金約百万円と、手芸に使う布切れを有志から集めて持参した。

「数人の学生が学長室に相談に来たの。何より学生の発意だったことがうれしかったですね。教職員も熱心で、全学挙げての取り組みになりました」

福祉施設はマレーシア全土に学校を持つサン・モール修道会（現・「幼きイエス会」）の修道院が経営していた。この修道会は日本の女子キリスト教教育の草分けである雙葉学園（東京）の設立母体でもある。

「雙葉は私の母校（雙葉高等女学校）ということもあって、いろいろ便宜を図ってくださいました」

マレーシアには六七（同四十二）年に一度、国際会議に出席するために訪れたことがある。恩師の故・高嶺信子さん＝元雙葉学園理事長＝に同行し、修道院のシスターたちにお世話になった。その縁で奉仕団の派遣に当たっては、学生たちにトラブルがないよう事前に修道会本部と打ち合わせをし、二日間の日程で

マレーシアに出発する学生たちを激励する渡辺さん（前列左）＝1986（昭和61）年8月、JR岡山駅新幹線ホーム

現地視察も行った。

福祉施設は国営の小、中、高校が並ぶ広大な敷地の一角にあり、マレー人、中国人、インド人らさまざまな顔が見られた。既にボランティア活動をしている日本人女性から具体的な仕事の内容も聞いた。シスターたちが働く難民キャンプへも足を延ばした。

教育水準や衛生面で、多くの問題を抱えるマレーシアでの奉仕活動を通し、学生たちは何を思ったのだろうか。

「短期間とはいえそこで生活したことは何らかの気づきをもたらしたはず。それは豊かな日本に生まれ、育った者として、貧しい人たちに対する責任を自覚することであり、自らの生活を改めようという意識ではないでしょうか」

▼▼▼ズーム

マレーシア奉仕団　一九八〇年から三十年間に計二十八回、延べ五百二十七人の学生、教職員らが参加。首都クアラルンプールの心身障がい者施設「ブキット・ナナス」で奉仕活動をスタート。十九回目（九八年）からは北部の小都市・イポーにある施設に派遣先を変更した。二〇〇三年は新型肺炎（ＳＡＲＳ）で、〇五年はスマトラ沖地震の余震で、〇九年は治安悪化のため派遣を中止した。

マザー来岡　祈りの人の神髄を見る

身長百五十センチそこそこの小柄な体の、どこにそんな力が潜んでいるのだろう。「スラムの聖女」「愛の殉教者」と呼ばれる七十四歳のその人は、行く先々で待ち受けるカメラのフラッシュを浴びながら、求められるままに笑顔で応えていた。

＜私は写真を一枚撮られるたびにほほ笑むから、まだ天国に行けないで苦しんでいる魂が一つずつ神の御許《みもと》に行けますように神様とお約束がしてあるの＞

こう教えてくれたのは、インドを拠点に貧しい人々の救済に尽くす修道女、マザー・テレサだった。

白い木綿のサリーに紺のカーディガン。つましい身なりで祈りをささげ、合掌の姿で沿道の信者や市民の歓声と拍手を受ける。そのまなざしは鋭いが、笑顔はとても優しかった。

一九八四（昭和五十九）年十一月二十三日、マザーが来岡した際に通訳を務めた。

マザーはその日朝、東京から空路で原爆の地・広島へ。原爆慰霊碑に花輪をささげて犠牲者の冥福を祈り、原爆資料館を見学。午後からは被爆者を慰問し、平和と祈りについて講演した

信者らの拍手に迎えられて岡山カトリック教会を訪れたマザー･テレサ（中央）と、通訳として付き添う渡辺さん（中央左）＝1984（昭和59）年11月23日

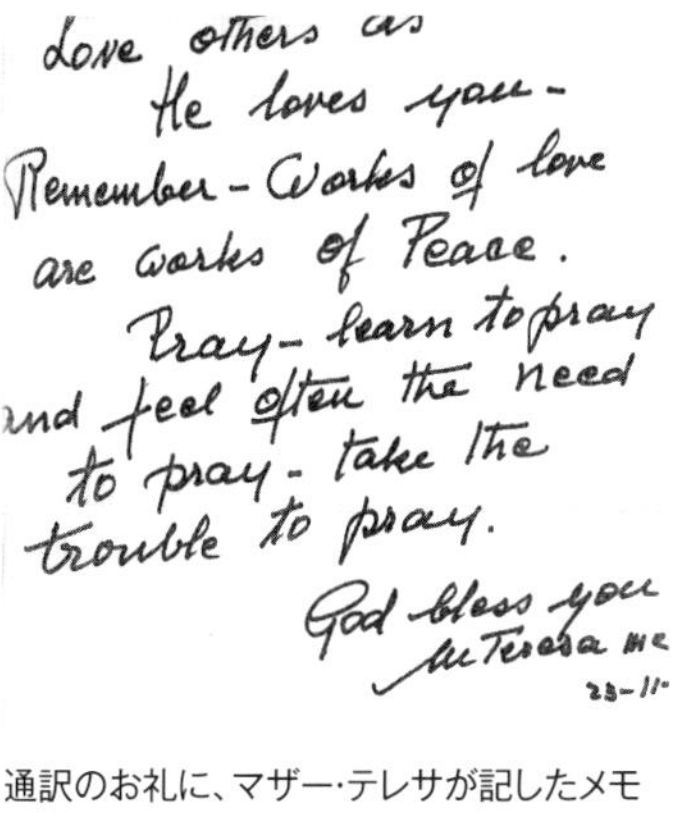

Love others as
He loves you-
Remember- Works of love
are works of Peace.
Pray- learn to pray
and feel often the need
to pray- take the
trouble to pray.
God bless you
M Teresa MC
23-11

通訳のお礼に、マザー･テレサが記したメモ

後、新幹線で夕刻に岡山入りした。

岡山カトリック教会で開かれた「祈りの集い」には約二千人が詰めかけた。聖堂の中は超満員。入り切れない約五百人のために、中の様子が分かるモニターテレビが四台も用意されるほどだった。

ノートルダム清心女子大では、待ち受けた学生たちに十分ほど愛について語ってくれた。

＜あなた方は、一つの大きな仕事をするために神につくられています。それは愛するということです＞

＜小さなことも大きな愛を込めて行いなさい＞

早朝からの強行軍の疲れを感じさせない、力強い声。心の奥底から出た言葉は説得力がある。学生たちは身じろぎもせずに聞き入っていた。

一日の予定を全て終え、宿泊する大学構内の修道院に着いたのは午後の十時すぎ。しかし、これで終わりではなかった。

＜きょうはまだご聖体の前でお祈りをしていませんから＞と就寝前の一時間をチャペルで過ごし、翌朝も四時半に起きて一時間祈りをささげて帰路に就いた。

「マザーは『祈りを唱える人』ではなく、『祈りの人』でした。つまり、チャペルの中での祈りにとどまらず、自らの祈りが日々の生活に染み通り、実行できているかどうか、そのことを厳しく問われていたように思います」

聖体の前で背をかがめ、静かに頭を垂れる姿に、マザーの祈りの神髄と行動の源泉を垣間見た。

〈Love others as He loves You……God bless you〉
（神があなたを愛するように、あなたも人を愛しなさい……神の祝福あれ）

マザー直筆のメモが今も残っている。

▼▼▼ズーム
マザー・テレサ　一九一〇年、マケドニア（旧ユーゴスラビア）生まれ。十八歳でカトリックの修道会に入り、五〇年にインド国籍を取得し「神の愛の宣教者会」をカルカッタ（現・コルカタ）に設立。路上で暮らす貧しい人や病気の人たちの救済活動は日本を含め百カ国以上に広がった。七九年ノーベル平和賞を受賞。九七年八十七歳で死去。

和解　苦悩の半世紀に区切り

読経の声にせみ時雨が交じる昼下がり。重苦しい雰囲気の本堂で静かに目を閉じると、あの雪の朝の光景が時空を超えてよみがえってきた。兵士たちの怒号、拳銃の音、硝煙の臭い、鮮血……。父の顔が浮かぶ。

一九八六（昭和六十一）年七月十二日、東京・元麻布の賢崇寺で五十回忌の法要が営まれた。

陸軍大将の父・錠太郎が凶弾に倒れた二・二六事件で刑死した青年将校の遺族でつくる「仏心会」が、毎年事件の当日と、処刑日に当たるこの日に開いている。

〈一度、出ておあげになったら……。あちらの方たちもあなたのことを気にしていらっしゃいますよ〉

「妻たちの二・二六事件」を書いた作家の沢地久枝さんに促されて初めて参列した。沢地さんとは取材を受けたのがきっかけで交友はあったが、決して自ら望んだわけではない。迷いはしたが、「節目の年だから」と自分に言い聞かせて式典に臨んだ。

九歳の時から親の仇《かたき》を持つことになったとはいえ、父を殺した将校たちに恨みや憎しみを抱いてはいない――。そう思っていた。心ならずも愛する肉親を失った同じ遺族であり、お互いに犠牲者であることも頭の中では分かっていた。

「でも、心の奥底では父の命を奪った将校たちを許していないのかもしれない……」

そう思わざるを得なかった苦い経験があった。

関西のテレビ局が制作した二・二六事件の特集番組に、殺された側の唯一の生き証人として出演した時だった。反乱軍の伝令を務めたという初老の男性もゲストとして招かれていた。顔を合わせた時、用意されたコーヒーを一緒に飲むことができなかった。カップを口元まで持ち上げるのがやっとで、一滴も飲めなかったのだ。

五十回忌のその日、法要の受付は仏心会の人ばかりだった。一人の男性は事件当時、将校の妻のおなかの中にいたのだと沢地さんが教えてくれた。

それぞれの遺族が背負ってきた戦中、戦後の苦悩。そこに思いが至ったとき、わだかまりは消えた。

「この人は生まれた時から『反乱軍の息子』という汚名を受けて生きてきた。私よりもっとつらく、苦しい五十年間だったでしょう」

襲撃に加わった兵士の一人だろうか、土下座してわびに来た人がいた。境内にある墓に線香を手向けて踵《きびす》を返すと、深々と頭を下げる二人の男性がいた。三十数名を指揮して自宅を襲撃した高橋太郎、安田優《ゆたか》両少尉の実弟だった。

＜私たちこそ、先にお父さまのお墓にお参りすべきでしたのに……。これで私たちの二・二六が終わりました＞

涙ながらに話す二人に一礼してその場を去った。

「私もこれで区切りがつきました。相手を知り、理解しようとしなければ、いつまでたっても憎しみは消えません。理解が和解を生むのですね。父もきっと喜んでくれたと思います」

恩讐を越えて　かみしめた聖書の教え

陸軍の青年将校らが軍事クーデターを企てた二・二六事件で処刑された人たちの遺族でつくる「仏心会」。長く世話人を務めた安田善三郎さん（90）＝神奈川県葉山町＝とは、一九八六（昭和六十一）年に東京で営まれた五十回忌の追悼法要で初めて会って以来、心の交流が続いている。

かつては年に一度、桜の咲くころに会っていた。自宅を訪ねたこともある。応接間には事件で非業の死を遂げた自分の父・渡辺錠太郎の書〈直而和〉が飾られていた。

実直な人――。これが安田さんの第一印象だった。

安田さんは熊本県天草市の農家の十人きょうだいの六男として生まれた。反乱罪で銃殺刑に処せられた次男の安田優《ゆたか》少尉とは十三歳違いで当時、十歳。子どものころはこのことでよくいじめられたという。大人になっても後ろめたさをずっと引きずって生きていた。

法要の帰り際、襲撃に加わった高橋太郎少尉の実弟・治郎さん（故人）とともに、父の墓所の所在を聞かれた。まだ一度も墓参りをしていないことを深くわびる二人。そのまっすぐな思

五十回忌の後、学長室に渡辺さん（中央）を訪ねた安田夫妻＝1988（昭和63）年6月、ノートルダム清心女子大

<私が渡辺先生の立場だったら、どうしただろうか…>。「お会いしてから、ずっとこのことを考えてきた」と話す安田善三郎さん。自宅の応接間には錠太郎の書と渡辺さんの写真が飾られている＝神奈川県葉山町

いが伝わってきたので、すぐに答えた。

「多磨墓地、十二区十側十五番です。母も眠っております」

それから安田さんは毎年のようにお墓に参ってくれた。お盆や九月の彼岸に墓地を訪れては夏草を刈ったり、植木を刈り込んだり周囲の掃除もしてくれた。

そのことを便りで知ると、素直にうれしくなって返事を書いた。

どんな心境の変化があったのだろうか。安田さんはその後、地元の教会でカトリックの洗礼を受けた。

〈裂くに時があり、縫うに時があり、黙るに時があり、語るに時があり、愛

するに時があり、憎むに時があり、戦うに時があり、和らぐに時がある〉

恩讐《おんしゅう》を越えた出会いを通して、この旧約聖書の教えを共にかみしめた。

殺した側の遺族も殺された側の遺族もどちらも心に深い傷を負った。つらい思いを抱いて生きてきたのは決して自分だけではない。そう思うにつけ、二度とあのような戦争を起こしてはならないと、強く思った。

そのためには、まず安易な道に流れがちな自分、社会の不正義に対して目をつむり自分さえよければいいと言いたくなる自分と闘うことが必要なのだ、とも。

「その上で相手の話をちゃんと聞き、自分の意見をはっきり述べ、何が正しいかを語り合う。平和とは、ただ手に入れるものではなく、日々の暮らしの中でつくり出していくものではないでしょうか」

学長退任　新たな旅路のスタート

米国で「コメンスメント」と言えば卒業式を指すが、本来は「始まり」の意味である。そう前置きして、式辞をこう締めくくった。

「みなさんの旅はこれから始まりますが、決して一人の旅ではありません。傍らには聖母マ

ほほ笑みを残して慣れ親しんだ大学を後にした渡辺さん

リアさまと本学の創立者、聖ジュリーがいます。苦労に負けないで生きていくことを祈っています」

一九九〇（平成二）年三月十日、ノートルダム清心女子大で卒業式が行われた。会場の全ての視線が壇上に注がれていた。あちらこちらですすり泣く声も漏れた。

＜渡辺学長　最後のはなむけ／万感胸に５１６人巣立つ＞

翌日の山陽新聞は、こんな見出しで式の詳細を伝えている。学生たちへのはなむけの言葉は、二十七年間務めた学長をその春限りで退き、慣れ親しんだ岡山の地を離れることを決意した自身へのエールでもあったのかもしれない。

悔いはなかった。

学長に就任したのは三十六歳のとき。それからの日々は山あり谷ありの連続だった。トップの重圧がのしかかり、思い悩んだことは数知れない。見ず知らずの土地にやって来て人間関係にも苦労した。自分の若さを恨めしく感じたこともあった。そんな状態で無理を重ねたからだろうか、うつ病にもなった。

「でも、困ったときには必ずといっていいほど助けてくださる人たちがいました。今でも折に触れて懐かしい顔が浮かびます」

引退の潮時は自ら決めていた。大学創立四十周年（八九年度）の節目だ。そのために準備もしていた。六十歳を超えた年齢のこともあるが、それよりも世の常で長期政権は弊害を招きやすい。

「だからこそ、きっぱりと身を引きたかった。これも私の性格ですから」

進退は誰にも相談しなかった。周囲が浮足立つことを懸念したからだ。四代目となる後継者も自分で決めた。

「私はあなた方が日本女性古来の美しさ、優しさ、しとやかさ、つつましやかさを失うことなく、しかも現代が女性に要求している知性、自主性および積極性を身につけてくださるよう願っております」

二十七年前の学長就任式で、学生たちにそう語りかけた。それはキリスト教的精神に基づいた大学の教育方針でもあった。

学生一人一人を名前で呼ぶ。どんな時もほほ笑みを忘れない。積み重ねてきた一日一日だ。そのキャンパスを去る。

「いつまでも私がいるとやりにくいでしょうから」。退任後は修道者としての出発点になった東京・吉祥寺の修道院に戻った。が、信仰と教育に身をささげる人生に変わりはない。新たにノートルダム清心学園の理事長として、幼稚園や小学校などを含めた学園全体の運営を任されることになる。

旅立ちは四月二日、JR岡山駅の新幹線ホームでの見送りは数人だった。周囲の気遣いを避け、わざわざ大学の入学式に合わせて岡山を去ったのだった。

第四部　よりよく生きる

健康の秘訣　朝昼晩の「祈り」が日課

ノートルダム清心女子大の構内にある修道院で、七人のシスターと共同生活している。毎朝五時に起きる。チャペルで一人、心静かにお祈りと黙想をし、六時四十五分からのミサにあずかる。それから朝食。八時すぎには別棟の理事長室に入る。

仕事は昼食を挟んで午後三時まで。修道院に帰ってからは新聞を読んだり、原稿を書いたりして過ごす。若い時からテレビはほとんど見ない。「テレビは面白いからつい、見入ってしまう。そんな自分が嫌なの」。ラジオで音楽などを楽しむのが専らで、午後の九時までには床に就く。

早朝のミサを含めて朝、昼、晩、就寝前の計五回のお祈りは欠かさない。どんなに忙しい時でも修道院にいる時はほぼ決まった時間に祈り、黙想する。三十歳の直前に修道者になって以来、続いている日課だ。

シスターとして、教育者として、そしてノートルダム清心学園の理事長として、八十八歳の今も第一線で活動している。その力と健康の秘訣《ひけつ》は、祈りを軸にした規則正しい生活にあるのだろう。

「母親譲りの意地っ張りというのもありますが、これは自らが自らに課した務めです。最近では『きょうもお務めができた。ありがたい』と思えるようになりました。やはり、それだけ年をとったのでしょう」

二十七年間務めた学長を退任すると同時に学園の理事長に就任したのは一九九〇（平成二）年の春。その時、けじめとして修道者としての出発点となったナミュール・ノートルダム修道女会の東京修道院（東京・吉祥寺）にいったんは戻ったが、二〇〇八年から再び、岡山の地で暮らすようになった。

最大の理由は病だった。

帰京してほどなく、六十代半ばで膠原《こうげん》病を患った。二年ほどでどうにか治ったものの、今度はその時に使ったステロイド剤の副作用で骨がもろくなる骨粗しょう症に。そのせいで、胸椎や脊椎の圧迫骨折を三度も繰り返した。

「神経がむき出しになったその痛さといったらもう……。こんな調子では講義や会議で定期的に東京と岡山を行き来するのは難しいと思いました」

一二年の春に刊行されてベストセラーになった著書「置かれた場所で咲きなさい」（幻冬舎）の反響もあるのだろう。講演スケジュールを見ると、その活躍ぶりがよく分かる。各地から依頼が殺到し、翌一三年の講演数は四十八回に上った。一四年二月に四度目の圧迫骨折をしてからはセーブしているが、それでも年間三十回前後はある。

老いや病に向き合いながら、今年も一月末に父・錠太郎の母校である小牧小学校（愛知）、六月には自身の母校の成蹊小学校（東京）に足を運んだ。七月には仙台の女子大で講演し、その二日後には鎌倉・円覚寺の夏期講座で話した。予定はしっかり入っている。

「腰が痛くなったり、脚がだるくなったりと結構、あるんですよ。でも、しんどそうな顔をしても仕方ありませんからね。やはり、明るい顔をしていた方が物事はうまくいきます」

人の中にはどうやら二人の自分がいるらしい。一人はありのままの自分。そして、もう一人は人に見せたい自分、つまり人によく見てもらいたいと背伸びをしてしまう自分だ。

「そのギャップが大きいほど、人は余計な苦労をしたり、自分に失望したりするのでしょうが、自分がありのままの自分でいることが自由になるということだと思ってください。神様は私たちが罪人にも〝かかわらず〟ではなく、罪人〝だから〟こそ愛してくださるのです」

二〇〇五年五月、自由学園（東京都東久留米市）で行った講演のテーマは「自分らしく生きる」だった。それは、自分自身が抱えてきた悩みだったのかもしれない。

ノートルダム清心女子大の学長を退いて帰京したのは、その十五年前。縁あって同学園の大学に当たる最高学部などで年六〜八回の特別講義を受け持っていた。

帰京　仕事減って身持て余す

東京・吉祥寺のナミュール・ノートルダム修道女会の東京修道院に戻った当初、ノイローゼ気味になった。ほぼ三十年ぶりとなる東京での暮らし。確かに生活環境は激変し、疎外感もあった。

しかし、大きな原因は分かっていた。要は急に「暇」になったからだ。幼稚園や小学校を含めた学園全体を統括するノートルダム清心学園の理事長になったとはいえ、学長時代ほど忙しくはない。毎日が朝から晩まで来客の応対に、会議に、講義にと充実していたのに……との思いが胸をよぎった。

その一方で、古巣となった大学での身の置き方も難しかった。毎週土曜の朝には、今でも続けるライフワークの「人格論」の講義があったが、前日に岡山に出掛けても、あえて大学構内の修道院には泊まらずJR岡山駅近くのホテルに宿を取った。そして、講義が終わればすぐに帰るようにした。

「大学は新しい学長が就任したばかりでしたから私自身、遠慮もありました。そうしないと周囲に余計な気を使わせてしまいますからね」

シスターとして信仰に身をささげながらもあり余る時間に身を持て余す日々。自分の存在価値がぼやけていくような気がしたし、何より学生たちの姿のない東京の修道院は寂しかった。

自由学園が声を掛けてくれたのは、そんな時だった。ほぼ同時に昭和女子大（東京都世田谷区）からも客員教授に迎えられて週に一回「倫理学」の講義をすることになった。これまで自分自身がワーカホリック（仕事中毒）と思ったことはなかった。だが、皮肉なことに仕事が増えて人と接する機会が多くなると自然に体調も良くなったようだ。

そして二年の月日がたったころ。友人のシスターから大きな仕事が舞い込んできた。

▼▼▼ズーム

自由学園 一九二一（大正十）年、日本初の女性記者といわれる羽仁もと子らが東京に開校した。キリスト教精神に基づいた理想の教育を目指し、高等女学校令によらない各種学校として女生徒二十六人でスタート。その後、男子部や四九（昭和二十四）年には大学に相当する最高学部などを開設した。

大改革　慢性赤字の解消へメス

東京湾に面したJR潮見駅（東京都台東区）のほど近く、日本カトリック会館の七階に「日本カトリック学校連合会」の事務局がある。幼稚園から大学まで日本のキリスト教カトリックの教育機関で構成される教育団体である。現在、二百三十二法人（二百九十六校、五百二十八園）が加盟している。

一九九二年五月、連合会のトップである理事長に女性として初めて就任した。前任者の任期（四年）途中での代役人事で、当初は一年間の予定だったが、結局二〇〇一年まで九年間務めることになる。
きっかけは当時、連合会の副会長だった知り合いのシスターからの〝SOS〟だった。「私が東京に帰っていることを耳にしたらしく、電話がありました。たいそう困った様子でしたので断りきれませんでした」

当時、連合会はトラブルを抱え、組織全体が混乱していたという。難しいかじ取りの中で、差し迫った重要な課題は、慢性的な赤字が続く収支を改善することだった。そのためには加盟校の六割を超える幼稚園を中心に思い切った改革が必要だった。

まず、メスを入れたのは退職金をはじめとした人件費の削減だった。これまでケース・バイ・ケースで額の多少があった点を見直し、規定通り厳正に運用していくよう提案した。

しかし、これには古株の神父たちが猛反発する。
〈新入りのくせに生意気だ〉
こんな雰囲気をひしひし感じた。言外には〝女性のくせに〟という思いがあったのかもしれない。

会議ではしばしば糾弾の矢面に立ったが、どんなに追い詰められても主張は曲げなかった。それは、自らの信念に対して素直であろうという自らとの孤独な闘いでもあった。

「いつもニコニコ笑って『貴重なご意見、ありがとうございます』と頭を下げていました。でも、言うべきことは私、言います。若い時から中途半端なことは大嫌いですから。そんな姿勢が余計に気に入らなかったのでしょうね」

悔しさや怒り、いら立ちは、ぐっと心に納めた。

そんな激しいやりとりを経ながら、理事長に就任して数年後、連合会はどうにか黒字転換を果たす。

その時の経験を通して、「念ずる」という行為の重みをあらためて考えさせられた。

「今」の「心」と書いて「念」という字になる。

「それに気づいたとき、『念ずれば花開く』という言葉の意味が実感できました。念ずることは、かけがえのない今という瞬間を意識して生きるということなんですね」

とはいえ、その間のストレスは相当なものだった。それが原因だろう、やがて体に変調を来すことになる。

御巣鷹の悲劇　伝え続けたい命の重さ

時間に余裕ができたら、一度訪ねてみようと決めていた。実現したのは、東京に帰って数年たったころだった。

一九八五（昭和六十）年の夏、五百二十人が亡くなった日航ジャンボ機墜落事故で犠牲になった冨田真理さんの実家だ。山梨県の甲府市にある。真理さんは当時、二十一歳。芦屋大（兵庫県芦屋市）の三年生だった。

一度も会ったことはない。顔も知らない。だが。

「彼女の遺品の中に私のエッセーがあったらしいんです。墜落直前まで機内で読んでいたのかしら、最後までしっかり握りしめて……ね。その話を知って心を強く揺さぶられました」

二人を結び付けたのは、ノートルダム清心女子大の学長時代に刊行した著書「美しい人に」（PHP文庫）だった。

事故後、ほどなくしてこのことを知った。地元紙の記事を送ってくれた人がいたからだ。

＜真理さん無言の帰宅／最後まで幼児教育の夢　遺品にエッセー集＞

山梨日日新聞（八月十九日）はこんな見出しで真理さんの無念を伝えていた。

山梨を訪れるのは終戦の年に母と一緒に疎開して以来、半世紀ぶりだった。列車の車窓に流れる景色を懐かしみながらも気持ちは複雑だった。

実家では両親が真理さんの部屋に案内してくれた。事故当時のままで、愛用のピアノもあった。お墓にも参らせてもらった。幼稚園を経営している両親は、一人娘に跡を継いでもらうつもりだったと話した。

その言葉の端々から、諦めようとしても諦めきれない思いが伝わってきた。

「事故は決してひとごととは思えませんでした。私も岡山に帰る時にはあの飛行機に乗っていましたから。日ごろから、修道者として死と隣り合わせで生きている覚悟をしていたつもりでしたが、実は忘れてしまっていたことをしみじみ考えさせられました」

事故は二〇一五年、発生から三十年を迎えた。遺族の高齢化が進み、日航社員の世代交代で事故の風化が懸念されている。真理さんの父も八十六歳になった。

事故の翌年から続けていた御巣鷹（群馬県）の尾根の慰霊登山も傾斜がきつくて数年前からできなくなったという。

真理さんは飛行機が落ちていく間、何を思ったのだろうか。どんなに苦しく、つらい時間だったことか。

遺品となったエッセー集の紙片は目次部分の二枚だった。焼け焦げて五、六センチ四方しか残っていなかったが、それは命の重さをずしりと感じさせるものだった。

〈天国の真理の供養になるから〉と両親は今も幼稚園を続けている。

あの日の訪問から恒例になった山梨からのブドウは、今秋も岡山に届けられた。

▼ズーム

日航ジャンボ機墜落事故　一九八五（昭和六十）年八月十二日午後六時五十六分、羽田発大阪行き日航一二三便ジャンボ機が群馬県上野村の「御巣鷹の尾根」に墜落。乗客乗員五百二十人が死亡、女性四人が奇跡的に救出された。事故による死者数は世界の航空史上、単独のものとしては今でも最悪となっている。

膠原病　顔で笑って心で泣いて

〈これは膠原《こうげん》病ですね〉

検査の結果、東京医科歯科大（東京都文京区）の医師にそう告げられたのは六十代の半ばだった。一口に膠原病といってもそれは全身の血管や皮膚、筋肉、関節などに炎症が見られる病気の総称で、自身の場合は筋力が衰えていく多発性筋炎という患いだった。
「髪を洗いたいのに腕が上がらない」「しゃがんだ姿勢から立ち上がるのに時間がかかる」「階段がつらい」「手荷物が普段より重たく感じられる」……。これまで力が入らなくなることがよくあった。足腰が疲れやすくもなっていた。最初は単なる筋肉痛だと思っていた。加齢のせいだろうと高をくくってもいた。しかし、痛みは増すばかり。我慢も限界に達していた。
＜入院して治療した方がいいでしょう＞
医師の勧めに、事の重大さが身に染みた。平静を装ってはいたが、顔で笑って心で泣いていという心境だった、と言う。

過度のストレスのせいだろうか。働き盛りの五十歳でうつ病になった時のように……。原因ははっきりしない。でも、そう思わざるを得なかった。
全国各地にあるカトリック系の学校を束ねる日本カトリック学校連合会の理事長に就任して三年目。赤字収支の改善を敢行していく途上で神経をすり減らしていた。周囲の風圧は予想をはるかに超えて強かったが、いつも母のこの言葉を思い出していたという。
＜堪忍のなる堪忍は誰もする。ならぬ堪忍するが堪忍＞
「人前では気張っていましたが、エレベーターで一人になると急に悲しくなって涙がこぼれ落ちそうになる時もありました」

親族が女医として勤務している縁で受診した東京医科歯科大だったが、入院しようにもあいにくベッドがふさがっていた。

困ったその時、救いの手を差し伸べてくれたのは、ノートルダム清心女子大時代の盟友である故・江草安彦さんだった。

「岡山に向かう飛行機に偶然、乗り合わせた際に事情をお話ししたら『僕に任せてください』っておっしゃってね。数日後には入院できるよう手配してくださいました」

紹介してもらったのは川崎医科大付属病院（倉敷市松島）。二カ月余り入院して治療し、退院後も通院した。週に一回は大学の講義で岡山に来ていたから、その折に病院に足を延ばした。治療薬に使ったステロイド剤の効果はてきめんだった。二年ほどで治って以前通りの生活が送れるようになった。しかし、今度はその副作用に襲われることになる。

圧迫骨折　三度繰り返し身長縮む

六十代の半ばを超えると病と向き合う日々だった。老いも確実に進む。膠原病《こうげん》で筋力が衰えていく苦しさを味わった。それが治ったかと思ったら、今度は治療薬であるステロイド剤の副作用で骨粗しょう症になり、激しい痛みを伴う脊椎や胸椎の圧迫骨折を三度も経験した。

身長は十四センチ縮んだ。背が丸くなり、そのために内臓が圧迫された。ダイエットも必要だった。ちょっとしたものを持ち上げるにも人の助けがいる。階段や坂道では人の手をよく借りるようになった。わが身が不自由になることは、本当につらいことだった。

ほぼ三年周期で骨折を繰り返し、そのたびに三カ月ほどの治療でようやく仕事ができるようになった。

「痛み止めを打ちながら仕事をする毎日でした。背が低くなり、醜くなった自分の姿を見るのがつくづく嫌になりました」

思考力や判断力はしっかりしている分、五十歳で患ったうつ病の時よりしんどかったかもしれない。神に仕えるシスターの身とはいえ、何より体形が変わったことが耐えがたかった。ガラスにふと映るかつての自分とは異なる姿に心が沈む日もあった。

そんな自分をありのまま受け入れていく。それは、言うべくして難しい。

米映画「風と共に去りぬ」の主役に抜てきされ、一躍世界的な大スターになったビビアン・リーに逸話がある。五十歳を超えたころ、手鏡で自分の顔を見た彼女は鏡を床に投げつけて割ったという。鏡は容赦なく小じわやたるんだ肌を映し出す。その中には「見たくない自分」、他人に「見せたくない自分」がいた。

「当時の私も同じでした。でも、今はどんな自分も受け入れていかなければならないと思っています。『優』という字は人の傍らにたたずむ姿だと気づきました。自らの憂いの傍らには、やはり私がいるべきです。寄り添っていかなければならないのは他人の憂いだけではないんですね」

そのことを教えてくれたのは一人の学生だった。

「背が低くなってもシスターはシスター。低いからこそ、見えてくるものもあると思います」

まっすぐな視線が印象的だった。その言葉に励まされた。

ふがいない自分を受け入れる勇気。どんなに情けなくても自分と仲良く生きていく勇気。逆境を抱きしめていく勇気。勇気とは決然として何かに立ち向かっていくことだけでなく、受け入れがたいものを受け入れることでもある、と。

「もちろん、老いてゆく悲しさを認める勇気も必要ですね」

マザーの死　胸に刻んだ「無私の愛」

「スラムの聖女」と呼ばれ、貧しい人々の救済に身をささげたマザー・テレサに会うため東京時代に三度、インドのカルカッタ（現・コルカタ）に出掛けた。

パナソニック創業者の故・松下幸之助が世の中の繁栄、平和、幸福を願って創設したＰＨＰ研究所、全国ＰＨＰ友の会が社会貢献活動として実施している「思いやり運動」（事務局・京都市）で集めた寄付金を届けるためだった。

当時、同運動の理事を務めていた関係で、訪印の機会を得た。

現地ではマザーが設立した修道会「神の愛の宣教者会」本部や不遇のうちに死を迎えようとする人たちをみとる「死を待つ人の家」などの施設を訪ねた。全て世界各国からの寄付で運営されていた。

けたたましい車のクラクションに砂ぼこり、汚れたままの床に異臭、ハエの群れ……。通りのそばにある本部の建物は粗末なものだった。現地でマザーは「マリア・テレサ」と呼ばれていた。

こんな話が印象に残っている。

ある日、マザーは八人の子どもを抱えるヒンズー教の家族に食事を持っていった。そうしたら、母親はわずかばかりの食事を隣のイスラム教の家族と折半した。そこでも子どもたちが腹をすかせていたからだ。

「日本と比べて精神的に豊かなのはどちらかを考えさせられました」

日本人のシスターも手伝っていた「死を待つ人の家」では薬も人手も設備も決して十分とはいえないものの、やせ衰えた孤児や老いさらばえた病人たちが手厚く介抱されていた。そこでは、世を恨み、人を恨んでも仕方がないはずの人たち誰もが、寄り添うシスターの手の中で〈ありがとう〉と言って死んでいく。

〈人にとって生きることも大切ですが、死ぬこと、それも、よく死ぬことはもっと大切なことです。そのためなら何でもします〉

死にゆく人々のまなざしを見つめてきたマザーの言葉には説得力があった。

貧しい人々が最後の最後に魂の尊厳を感じながら安らかに死を迎える。

その光景を、マザーは〈It is so beautiful〉（それはとても美しい）と言った。

そのマザーも一九九七年九月五日、八十七歳で神のもとに旅立った。三回目の訪印はひつぎの中のマザーに会いに行くためだった。

晩年、心臓発作や病気、けがに悩まされ続けたマザーだが、身をもって示した「無私の愛」は、人種も宗教も国境も超えて世界中に広がり、今も多くの人の胸に深く刻まれている。

死の前年十一月十四日、修道会本部で会ったのが最後だった。

〈日本のみなさんの祈りに感謝しています〉

その時のマザーのほほ笑みは美しく、握手したその手は力強かった。

▼▼▼ズーム
PHP思いやり運動　PHPの友の会の会員や読者らの募金と寄付金を中心に一九八一年にスタート。毎年二百万～四百万円の浄財が集まり、国内外の福祉施設や団体に届けている。これまでの総額は約一億八千万円（二〇一五年七月現在）に達する。

ロングセラー　人生励ますヒント満載

同じ時期のミリオンセラーには、誰もが一度は耳にし、手にしたことがあるかもしれない作品が並ぶ。

村上春樹の「色彩を持たない多崎つくると、彼の巡礼の年」、池井戸潤の「ロスジェネの逆襲」、百田尚樹の「海賊とよばれた男」など。そして、渡辺和子著「置かれた場所で咲きなさい」(幻冬舎)。二〇一二年四月の初版から一年余で百万部を突破した。今でも部数を伸ばし続け、累計で二百万部を突破するロングセラーになっている。

老いや病など自身の体験や聖書の教えに基づいた考えを平明な言葉でつづった。歯切れの良い文章で、前向きに生きるためのヒントを満載した「人生の指南書」でもある。

よりよく生きるとは、苦労や面倒なことを避けて通ろうとする自らと闘うことだと説く続編の「面倒だから、しよう」(一三年十二月初版)も五十五万部を超えて老若男女の心を捉えている。

「出版社からのお話は一度ならず二度断ったの。もう八十歳をすぎて本を書く元気はありませんでしたからね。でも、根負けいたしまして、これまでに書きためていたものならどうぞ、とお渡ししたんです」

原稿はノートルダム清心女子大の学長時代に学生向けに書いた学報のほか、三十年近く書き続けていた布教のためのラジオ番組「心のともしび」用のエッセーがベースになっている。

就職や結婚に悩む人。病と闘っている人。老いに不安を抱えている人。東日本大震災をきっかけに、自らを、そして社会を見つめ直そうとする人……。読者の反響は大きく、数多くの手紙やはがきが寄せられた。

「少しでも人のお役に立てたのなら幸いです。それだけ不安を抱えた人が多いのでしょう。人生相談も多くて私の手に余る内容のもの以外は、はがきで返事を書きました」

出版に当たっては、タイトルを決めるのに二転三転したらしい。編集者が最初に示してきた案は「眠れない夜に読む本」。しかし、∧これではあまりに漠然としている∨との異論が出て、こちらから「置かれたところで咲く」という表題を逆提案した。三十六歳で思いがけず学長になり、その重責に悩み苦しんでいた時に出合った思い出深い詩の一行だ。見知らぬ岡山の地で自信を失いかけていたわが身を励ましてくれた――との逸話を話すと、編集者は飛びついた。

ここからは出版社の知恵と腕の見せどころといったところか。平仮名が続くと読みづらいので「ところ」を「場所」に変え、最後に「咲く」を「咲きなさい」ときっぱり言い切ることにした。

「これが良かったと思います。説教くさくならず、読んだ人に『私に言ってくれているんだ』と共感してもらえた。言葉って面白いですね」

生涯現役　今日が私の一番若い日

約三百人の学生が一斉に起立し、丁寧にお辞儀をする。一秒、二秒、三秒……。講義はいつも礼に始まり、礼に終わる。その形は今も変わらない。

「孫のような彼女たちに人を敬い、人に感謝し、頭を下げる謙虚さを培ってもらいたい。そんな思いから始めました」

ノートルダム清心女子大内にあるカリタスホール。二〇一五年十月十六日、人間生活学部の一年生を対象にした特別講義があった。そろそろ学園生活に慣れてきた学生たちの気を引き締める狙いだったのだろう。この日は、「自由人」の育成を教育方針に掲げるミッションスクールとしての理想を、自らの体験を交えながら受講生に話した。

「してはいけないことをしない。しなければならないことをする。個々人が自らの理性と意志で判断し、選択し、実行した結果については自らで責任を負う。それが自由人なのです」

生涯現役――。信仰と教育に身をささげ、八十八歳の今も教壇に立つ。その優しいまなざしとは裏腹にここに至るまでの人生は波乱の連続だった。

「学生が大好きなの」と現場にこだわり、教壇に立ち続ける渡辺さん。1977（昭和52）年（上）と現在＝ノートルダム清心女子大

二・二六事件によって目の前で父親が殺害されるのを見た九歳の少女は長じてシスターとなり、三十代半ばで縁もゆかりもなかった岡山に派遣され、学長に抜てきされたそれから半世紀余り。数々の重圧に押しつぶされそうになりながらも信じてきたのは〈神はその人の力に余る試練は決してお与えにならない〉というキリストの言葉だった。

気丈な母の、幼少期からの厳しいしつけも生きる力になった。

その後も五十歳でうつ病、六十八歳で膠原《こうげん》病を患い、薬でどうにか治したものの副作用による骨粗しょう症で圧迫骨折を繰り返し、身長が十四センチも縮む試練を与えられた。そして、老いも進む。

「でもね、つまずいたからこそ今がある。発想を転換すれば、今日が私にとっては一番若い日。今日より若くなることはないのだから、今日を輝いて生きていきたい。いつもそう思って過ごしています」

マイク越しの声が優しくホールを包む。講義は自らの受験失敗や病気、愛する人の死などに際した内面の葛藤を、率直に伝えていく。激動の戦前、戦後を生き抜いてきた一人としての最大のメッセージは、逆境にあっても「なぜ」と過去を振り返るだけでなく、「何のためにこの試練を与えられたのか」をじっくり考え、未来を切り開いていくことの大切さだった。

「人生には思いがけない失敗や病気などでぽっかり穴が開く時があります。その時に嘆いたり、悲しんだり、後悔したりするのは人の常ですが、穴が開いたからこそ見えてくるものがあるはずです。自分にとって何のために開いた穴なのか。発想を変えてそれを考えるようにしたらどうでしょう」

学生たちに語りかけた言葉は、自身に言い聞かせてきた言葉でもあっただろう。

自らの苦しみに耐え、自らの苦しみを克服し、その経験を糧に苦しみを抱えた人の心に寄り添いながら日々を新たに生きる。不動の信念を貫く自由人として、今日も強く、しなやかに。

（了）

折々の記——理事長として

学報「Bulletin」より

渡辺和子

挿画　竹内清「博物帖　Hommage à la nature」(1986年刊) より

優しいことは強いこと

「タフでなければ生きていけない　優しくなければ生きる資格がない」

かつて、タフであること、つまり、たくましさは男性に、優しさは女性に、一方的に求められた時代があった。しかし今や、レイモンド・チャンドラーのこの言葉がJR内の広告にも使われているほどに、一人の人間の中に、この二つの特性、タフネスと優しさ双方が求められる時代になっている。

私は、人間の魅力というものは、男女を問わず、このように相反するかのように思われる二つの極の間にあって、バランスを保っている姿にあると考えている。例えば、若い学生の中に思いがけ

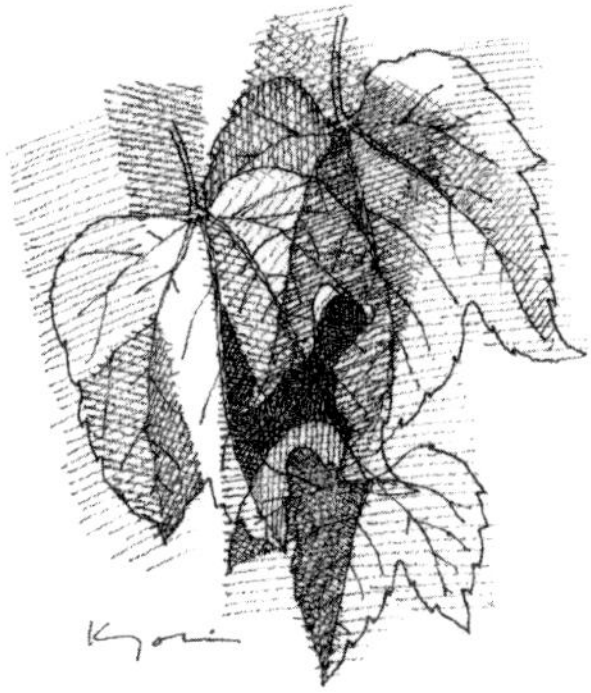

ず見いだす落ち着きと思いやり、年老いた人が垣間見せる発想の若々しさと柔軟性、武骨者と思われている人がふと示すこまやかな心づかい、そして、ふだん柔和な人が、いざという時に発揮する決断力と心の強じんさ。

人間の魅力というものは、案外こういった「意外性」にあると言ってもよいのかもしれない。そして、このような意外性が相互の人間関係を絶えず新鮮なものとし、相手の未知の部分への尊敬を失わせない秘訣《ひけつ》なのかもしれないのだ。

大学の授業で、学生たちが提出する欠席届の中には、時たま首をかしげさせるようなものがある。「クラブの発表練習のため」、「自動車の運転免許の試験日に当たるため」など大学におけるプライオリティー（優先順位）を考えさせられる種類のものである。

数年前のことであった。一人の学生が提出した届けには、こう記されてあった。「私の大切な飼い猫が死んだため、悲しくて一日中泣いていました」と。多分〝優しい〟学生なのだろう。そして、そういう届けをすんなり受け取れない私は〝冷たい〟教師だったのかもしれない。

ペットのためのぜいたくなホテル、金のかかるグルーミング（毛繕い）、人間が食べてもいいようなペットフード、いわゆるペットブームは日本の物質的繁栄の一つの姿であり、ペットに対する人間の愛情の表れとも言えよう。しかし私たちは同時に、これらペットが、人間の「都合によって」、いとも簡単に捨てられ、野犬化し、野猫化している事実も知っている。

本当の優しさは、自己中心的なものではない。『星の王子さま』の中で、キツネが王子に言っているように、「面倒を見た相手には、いつまでも責任がある」のだ。責任に裏付けられた、換言すれば、自分自身との闘いを経た優しさのみが、真の優しさなのである。

言い古された言葉であるが、大学は軒並み「冬の時代」を迎えようとしている。それは十八歳人口の減少という事実、同県内における新大学の設立、さらに共学志向の中での女子大学としての存在について言われることであろう。この厳しい現実を乗り切るために、大学は、そのアイデンティティーを確立せねばなるまい。

これからは、量より質が求められる時代である。アカデミックな面での卓越は学問の府として当然のことであるが、同時に学生一人ひとりの人格性の質が問われている。〝魅力ある学生〟、それは決して、きれいに化粧し、着飾った人でなく、タフでありながら、優しさを兼ね備えた学生の姿である。竹のように、しなっても折れない人、はね返す力を持った人と言ってもよい。本当の優しさとは、自己の確立があって初めて可能な特性なのだ。

私たちの創立者ジュリー・ビリアートは「ほほえみの聖人」と言われた人であったが、その柔和な表情は決して順風満帆の生涯から生まれたものではなかった。六十五年の生涯の大半を病苦と闘い、迫害に曝《さら》され、奇跡的治癒を受けてノートルダム修道会を設立した後も、教会関係者はおろか、自分の修道会の会員たちからも裏切られ、生国を後にせざるを得ない惨たんたるものであった。にもかかわらず、この人の口から聞かれたものは、愚痴でも不平でもなく、「善き神のいかに善きことよ」という神への信頼の言葉であったという。

私たちはかくて、すでに、したたかで、しかも優しさを失うことなく生きたモデルを持っているのだ。私たちが学生たちに提示する理想はすでにある。私たちへのチャレンジは、この理想の具現化と言えよう。

競争社会の中で生きてゆくためには、タフでなければならない。利用価値、商品価値を重んじる社会の中で、そういう価値を身につけていなければ、切り捨てられてゆくしかない。

しかしながら、ノートルダム清心女子大学が、キリスト教的教育に根ざす大学である限り、そこに育つ人たちは同時に、キリストが世の弱者に示した真の優しさを持っていなければならないのである。それは責任に裏付けられ、自己を確立した人のみが持つ優しさである。

宮城まり子さんが「優しくね、優しくね、優しいことは強いこと」と言っている。この言葉を、学生の一人ひとりに贈りたい。

（1991年10月31日　第90号）

人間の自由

第二次世界大戦中に捕らえられ、ナチの強制収容所で、人間としての極限状況を味わった末、九死に一生を得て生還したヴィクター・フランクルは、人間の自由の尊さについて書いている。囚人の一挙手一投足にいたるまで監視され、拘束された収容所の中で、ナチといえども奪い得なかった人間の自由があったというのである。

収容所で与えられた食物といえば、生きるために必要最小限のもの——僅《わず》かのコッペパンと水のように薄いスープ——でしかなかった。ある日のこと、一人の病人が出た。その朝、その病人の枕もとには、これから重労働に赴こうとする何人かのパンが、そっと置かれていた、というのである。

それは全く「自由な行為」であり、いかに厳しいナチの将校も兵士たちも管理することのできなかった、人間の魂の高貴さの表れだったとフランクルは述べている。

そして、このような経験が、彼をして「人間の自由とは、諸条件からの自由ではなくて、それら諸条件に対して、自分のあり方を決める自由である」と言わしめたのであった。

私たちは、言論、宗教、集会等の自由が保障されている国に生活していることを感謝しなければならない。学問の自由についても同じことが言える。しかし同時に、自由人の育成を目指すリベラル・アーツ・カレッジにおいては、フランクルのいう、自分のあり方を決める「内的自由」の存在とその育成を忘れてはなるまい。

先日のこと、大学を二十年ほど前に卒業した人から便りを受け取った。その手紙が書かれる四十日前に、十八歳になる長男を思わぬ交通事故で失ったことを記したその手紙には、深い悲しみが溢《あふ》れていた。特定の宗教を持たぬ者として「この現実を、どうとらえたらいいかわからず、戸惑っています」と心の動揺を記しながら「在学中、授業で、人生に穴がポッカリ開くことがある。その時は、悲しみに暮れるだけでなく、それまで見えなかったものを、開いた穴から見るようにして、より豊かな人間になって立ち上がることが大切だ、と習ったことを思い出しています」とも書いてくれていた。

最愛の息子の突然の事故死という「人生の穴」、変えることのできない「条件」が、この人に与えられてしまっている。「息子の死を無駄にしないような生活ができたらと、ため息をつきながら、苦笑いしながら、力なく、そう考えています」とも書いてあった。

神ならぬ身の私たちに時折、情け容赦なく突きつけられてくる「諸条件」、人間の自由の真骨頂というべきは、それら諸条件の奴隷でなく、主人となる自由なのだ。生まれた時から定められ、一生の間、背負っていかねばならない遺伝的なものから、生きていく間に、否応なく背負いこまされる種々の環境的条件のもとで、人間には、なおかつ「第三の力」ともいうべき力、これら諸条件に対して、自分のあり方を決定する自由があることを忘れたくない。

哲学者カントが、八十歳の高齢で、死を数日後に控えたある日のこと、主治医が病室を訪れた時、介護人の手を借りながら、渾身《こんしん》の力をふりしぼって上体を起こし、医師を迎えたという。そして、「人間性の感覚は、まだ私を去っていなかった」と、嬉《うれ》しげに呟《つぶや》いたというエピソードが、ヴァジアンスキーの『カントの晩年』の中に語られている。

人間性の感覚、ヒューマニスティック・センスとは、カントによれば、肉体的条件に打ち克《か》つ精神性の優位を指すものであった。主治医を迎えるに当たっての礼儀というのは、実は、自分の病み、老い、衰えた肉体の中に、今なお残る精神性の優位、自分のあり方を決める自由、人間の人間たる所以《ゆえん》の証明であったのだ。

私は、ノートルダム清心女子大学が目指すものは、このような、人間の尊厳である自由を自覚する学生たちの育成であってほしいと考えている。

授業をしていても、廊下を歩いていても、きちんとしたお辞儀、あいさつのできない学生、私語のやめられない学生、スクール・シューズに履き替えていない学生たちの姿が目立ってきている。この大学が格調の高い大学であり続け、垢抜《あか》けした、魅力のある大学であるか否かは、偏差値の高低、志願者数の多寡、就職率の良否にのみかかっていない。

大学である限り、そこで行われる教育研究の程度の向上が求められるのは論をまたない。それは国公立の大学においても求められていることである。ノートルダム清心女子大学がリベラル・アーツ・カレッジであり、キリスト教に根ざしたミッションスクールであるということは、そこに学ぶ学生たちが、人間性の感覚を持つ真の自由人を目指しているということでなければならない。換言すれば、「諸条件からの自由」(freedom from)のみを追い求める女性ではなく、「諸条件に対する自由」(freedom for)を考えつつ生きる女性の育成である。

キリスト教教育の目的は、人間が神の前にその分際を弁《わきま》えつつ、人間らしく生きることにあるからである。

(1992年10月30日　第95号)

N D B u l l e t i n へのメッセージ

「学報」が百号に達したと聞き、第一号を発刊した往時を思い、感無量のものがあります。

昭和四十五（一九七〇）年頃のノートルダム清心女子大学は、ご多分に洩《も》れず、いわゆる学園紛争のあおりを受けていました。学生たちの間では自治会結成の動きがあり、教職員たちもまた、それまでにはなかった危機感と一体感を持ち始めていました。

このような中で、大学の姿勢を学内外にはっきりさせる必要、情報をできるだけオープンにしたいという要望が、大学をして、学報と学内報の発行に踏み切らせたのでした。学報の装丁には、児童学科の竹内清教授が当たってくださいました。

創刊号の第一ページは、職務上、私が書くことになり、その節、何を書いたらいいかと随分迷ったことが、つい先日のことのように懐かしく思い出されます。結局、「大学の美しさ」ということを中心にして、その美しさは、建物とか庭園の美しさもさることながら、そこに学ぶ学生たちの心ばえの美しさであり、そこに教え、働く人たちの学問に対する情熱、真理の前に頭を垂れる謙虚な姿の美しさではなかろうかというようなことを書きました。

それから二十数年の歳月が流れました。代々の編集委員の方々と事務を担当してくださった方々のご努力と、教職員、学生、卒業生の協力のおかげで、終始格調の高いものとして今日に至ったことに対し、心から感謝しております。

学報というものは、大学の顔の一つでもあります。それは同時に大学の貴重な記録であり、大学の現状を映し出す鏡であり、大学の将来に対する構想を秘めた文書とも言えましょう。今、創刊号からの足跡を振り返ってみる時、学報は、その時、その時の学内の〝ざわめき〟と〝落ち着き〟、動と静を何らかの形で伝えてきたように思います。

しかしながら、それら動静の中にあって一貫して流れ続けたもの、今後も流れ続けるべきものは、言うまでもなく、「建学の精神」と呼ばれるものです。

在任中、私は「建学の精神とはいったい何ですか」と問われて、たじろいだものでした。それは、何となくわかっているようで、いざ、その内容を具体的に、今、ここで起きていることに当てはめてゆくとなると、必ずしも、口で言うほど易しくないからです。あえて言うならば、キリスト教的価値観を根幹としていること、創立者マザー・ジュリーの教育理念を継承していることであり、それなくして、この大学の存在理由はありません。

ノートルダム清心女子大学は、営利のためにも、個人の名誉、栄達のためにも創立されたものではなく、そこにおいて、神の栄光が表され、創立者が求めた「何か美しいものを神様に」という願いの達成のために存在しています。

学生たち一人ひとりが、教職員との関わりにおいて、自分がすでに神に愛され、許されている「ごたいせつ」な存在であることに気づくこと、真、善、美の追求を生涯求めてやまない一人格の素地を養うこと、そして、社会にあっては、自分の援《たす》けを必要とする人たちに惜しみなく奉仕する美しい人となることを、大学は目指しています。

同じ県内にいくつかの競合する大学が開設されつつある現在、十八歳人口の減少ということもあって、ノートルダム清心女子大学はまた一つの危機に面しています。大学は、その過去において数多くの、そしてさまざまな危機に直面しては、それを乗り切ってきました。これはいつに、教職員、学生たちが信頼関係のうちに「大学の美しさ」を守り抜いたことによります。

その歴史の証人ともいうべき学報が、これから後も末長く、美しく、魅力ある大学の姿を伝え続けるよう切に願ってやみません。

（1993年10月30日　第100号特集号）

願い

「自分が考えている神の姿が消える度に、真の神の姿が現れる」と言った人がいます。
私がまだ大学生だった頃、ある機会に、学生一人ひとりに、裏に聖句の書かれたカードが配られたことがありました。たまたま私に渡されたカードには、旧約聖書のヨブ記の中の言葉が記されていました。

私は裸で母の胎を出た
また裸でかしこへ戻ろう

主は与え、主は奪う
主の御名は誉むべきかな

カトリックの洗礼を受けて間もなく、ヨブ記の内容も知らなかった私にとって、神が何かしらを私たちから「奪う」ということ自体不可解でしたのに、ましてや、奪われてもなおかつ、主の名を「誉めたたえる」ということが、どうしても解せませんでした。私は本屋に行き、浅野順一という方が書かれたヨブ記についての本を買い求め、そこで初めて、自分が半ばいい加減な気持ちで入信したキリスト教の「神」の姿を垣間見た思いをした覚えがあります。

浄土真宗の家に育った私の心には、いわゆる「苦しい時の神頼み」的な感覚が沁《し》みついていて、神仏といえば、願いごとの対象でしかありませんでした。運動会の前には「足の速い人と同じ組になりませんように」、試験の前には「ヤマが当たりますように」と、手を合わせていたものです。必要とする時にだけ思い出し、ふだんは忘れている。私の都合に合わせて存在させるような神仏でした。

ところが、このような「自分が考えている神の姿」が次々に消えてゆき、その度に「真の神の姿」が鮮明になってきたのです。それは、私の都合と無関係に、与えもすれば、奪いもする神であり、私が思い出そうと忘れていようと、私の思惟《しい》と関わりなく、厳然として存在し続ける神の姿でした。

「奪う神」――それはかつてヨブの身にふりかかって、その家族、財産、健康まで奪った試練を制止しようとしなかった神です。今の世にも不可解、理不尽なことが数多くあります。「あんなに一生懸命祈ったのに、なぜ」「何も悪いことをしていないのに、どうして」といった疑問は、私たち一人ひとりの生涯について廻《まわ》ることでしょう。

信仰とは、この同じ神が愛にましまして、決して人の力に余る試練を与えないということ、試練には、それにまさる恵みと力が添えて与えられることへの信頼なのです。

ノートルダム清心学園の創立者マザー・ジュリーは、その苦難に満ちた生涯を通して、絶えず神を「善き神」と呼び続け、笑顔を絶やすことのない日々を送られました。それは、与えることもあれば、奪うこともある神の〝厳しさ〟への認識と、その神が私たちを限りなく愛していてくださることへの深い信頼の表れでした。

この大学に学ぶ人たちも、学問知識を身につけるだけでなく、どんな苦境に立たされても、順境に置かれても、神の主権を認め、その愛に信頼して、笑顔を忘れない人でいてほしいと思います。

そしてまた、「自分が考えていた神の姿」――それは往々にして自分にとって都合の良いものであることが多いのですが――が消える度に、「真の神の姿」を認識できる知性を備えた人であってほしいと願っています。

（1994年10月31日　第105号）

人間性追求の場

阪神大震災の救援活動に際して、「ヒューマニズム」という言葉がよく聞かれました。被災者の方々に差し伸べられた温かい手、物資、義援金、ボランティア活動、それらは、まぎれもなく尊く、ヒューマニスティックな行為でした。それらは、「弱きを助け、強きを挫《くじ》く」「渡る世間に鬼はなし」といった日本古来の諺《ことわざ》が、まだ、この日本に健在であることを実証してくれました。

その一方、地下鉄サリン事件とそれに関連した数々の出来事は、人間が他の人間に対して、こうも出来るのかと思わせるような残虐な行為、無差別に、または人を特定してその生命を奪おうとした、人間の心の恐ろしさを見せつけるものでした。

第二次世界大戦中にナチスに捕らわれて、収容所内で人間の極限状況を経験し、九死に一生を得て終戦を迎えた人の一人に、ヴィクター・フランクル博士がいます。この人は、オーストリアの精神科医でしたが、自由の身となってからウィーンの医師会で講演した中で、次のように述べています。

「人間とは何でありましょうか。我々は再びこの問いを繰り返します。人間とは、人間であるべき姿を絶えず決定してゆく存在であります。それは、動物の水準になり下がることができると同時に、聖者の生活を送るところまで向上できる可能性を持つものであります。人とは結局、ガス部屋を発明した存在でもあり、だが同時に、その同じ人間が発明したガス部屋に、頭をまっすぐ上げて、主の祈りや、ユダヤ教の死の祈りを唱えながら入ってゆくことができる存在でもあります」

ヒューマン（human）という語は、「神と動物の中間に位する人間を表す」と訳されています。それは揺れ動く存在であり、したがって、自分のあるべき姿を絶えず〝自己決定〟してゆく存在なのです。

他の動物は、それがどれほど、どう猛な性質を持っていたとしても、ガス部屋で人間を大量虐殺するようなことはできません。ところが、人間にはできるのです。

しかし同時に、その人間は、自分を殺そうとする相手を「許してやってください」と神に祈りながら、従容としてそのガス部屋に歩み入る〝魂の高貴さ〟を持つことができる存在でもあるのです。

今年に入ってから起きたさまざまな出来事を振り返ってみる時、私たちは、この人間の弱さとすばらしさの両面を見る思いがします。

西欧においてルネッサンス期に完成したヒューマニズムは、このような人間の中間性、二面性をしっかりと備えていました。

それは、人間を「万物の尺度」と見たギリシャ・ローマの伝統を受け継いで、他の動物にはない人間の尊厳を強調し、それに伴うものとして人間のみが取り得る「責任」を要求しました。

それはまた、中世のキリスト教思想の影響を受け、神と対比した人間の不完全性と罪性を強調する面をも併せ持っていたのです。ここに求められたのは「寛容」の精神だったと言われています。

今日、日本で言われるヒューマニズムは、ややもすると、人間の「弱さ」に対する同情・味方に偏ってはいないでしょうか。これはもちろん非常に大切な心情ですけれども、人間が持っている〝魂の高貴さ〟、他の動物が持ち得ない〝自己決定の自由〟を忘れる時、ヒューマニズムは、その成立の根底を失って、単なる人情主義になってしまうおそれがあります。

ノートルダム清心女子大学は、キリスト教主義学校の一つとしてクリスチャン・ヒューマニズムに裏打ちされた全人教育を目指しています。それは、人間の弱さに対する「寛容の精神」の育成とともに、人間が併せ持つ「聖なる部分」——敵への許しを祈ることのできる人間の尊さと自己決定の責任とに目を開かせ、育成してゆく教育です。

学校教育がとかく、知識の詰め込みに終始して、進学、就職への手段としてのみ考えられがちな今日、私たちはオウム真理教事件に表された人間性の欠如と偏り、そして人の心の渇きと、それを満たすものについても、深く考えさせられるのではないでしょうか。

この四月、待望の大学院が設置され、同時に、ユニークな中央棟の竣工を見ることができました。関係者の方々のご苦労に、あらためて敬意を表します。

かつて、カルカッタ（現・コルカタ）のマザー・テレサのもとを訪れた一人の医師が言いました。「マザーのところには見るべき医療はなかったが、真の看護があった」

「見るべきもの」の出来た今、私たちの大学は、「真の教育」を見失うことがないように、心してゆきたいと思います。

「真の教育」――それは、ノートルダム清心女子大学においては創立者、マザー・ジュリーの建学の精神に則《のっと》った、真のクリスチャン・ヒューマニズムの育成ではないでしょうか。「目に見えない大切なもの」が、この「見るべきもの」の中に育まれてゆくことを切に祈っています。

（1995年7月10日　特集号）

夜は近きにあり

ダグ・ハマーショルドといえば、一九五三年に国連事務総長に選任され、一九六一年九月、コンゴ（現・ザイール）政府の招きに応じて赴く途中、搭乗機の墜落によって、その五十六年の生涯を閉じた人として知られている。死に際して彼が携えていた唯一の書物は、トマス・ア・ケンピスが著した『キリストに倣いて』であった。

死後、多くの書類に交じっていた彼の日記が『道しるべ』と題して発刊されたのであるが、日記の中には、生前、国連事務総長として果たした数多くの事績に触れた個所は一切ない。そこに記されているのは、孤独の中での彼の神との対話であり、それを通して彼の深い精神生活、ならびに人

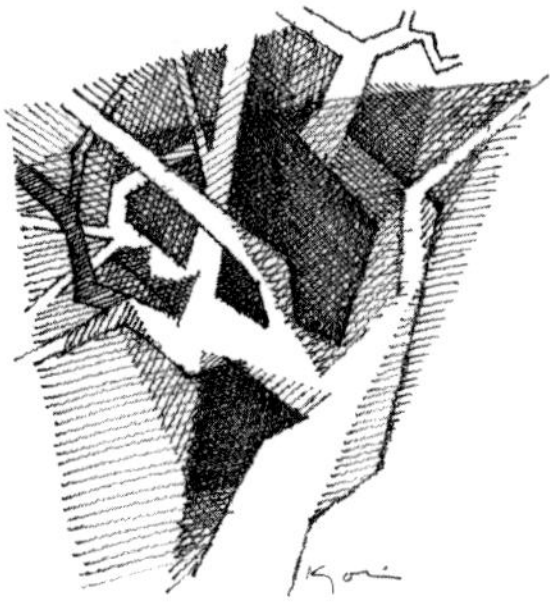

間性についての鋭い分析がうかがわれる。
特に心惹《ひ》かれるのは、一九五〇年以降の日記に頻繁に現れる「夜は近きにあり」という一句であり、しかもそれが、例外なく年頭の言葉として書かれているということである。
一九五一年には、
「夜は近きにあり」そう、またひととせを重ねた。そして、もしきょうが最後の日であるとしたら！
と記されている。
一九五二年には
「夜は近きにあり」道のなんとはるけきことよ。しかし、この道を辿《たど》るために要した時間は、道がどんなところを通っているかを知るのに、私にとって一瞬ごとにいかに必要であったことか。
さらに一九五三年には
「夜は近きにあり」
過ぎ去ったものには――ありがとう。
来たろうとするものには――よし！
一九五七年のものには
夜は近きにあり……・・・・
日々、これ初日――。日々、これ一生。

と記されている。

年の初めに当たって、「おめでとう」「ハッピー・ニューイヤー」と互いに祝い合う中で、私たちはこの「夜は近きにあり」ということも忘れてはならないのではなかろうか。そのことを覚えつつ生きて、初めて一日一日を初日とし、一生であるかのように生きることができるのだ。

昨年は恐ろしいことが連続して起きた年だった。誰しもが、今年はそのようなことがないようにと祈っている。昨年の事件は、私たちにその年齢、健康と関わりなく、「夜は近きにあり」ということを教えてくれるものであった。多くの人の犠牲を無駄にしてはならない。

年の初めに当たって「時間の使い方は生命の使い方である」ことをあらためて心に銘記し、一瞬一瞬をていねいに過ごしたいと思う。忙しいと、つい私たちは次から次へと仕事を片付けること（Doing）に追われて、自分の在り方（Being）を忘れがちである。

ハマーショルドは在任中、中近東での緊張、スエズ危機、ハンガリーへのソ連の圧力、コンゴでの紛争等の難しい問題に対処、解決する多忙の日々を過ごした。にもかかわらず、彼の日常の中には必ず「祈り」が先行し、まず自らのあるべき姿を整えた後に、なすべきことを行ったのであった。

彼の非凡さは、負わされた重い課題を深刻なそぶりを見せることなく担い続けたこと、しかも、与えられたすべてを「人生によし」（五三年四月七日）「神によし。——運命によし、またおまえ自身によし」（五七年十月六日）と謙虚に受け止めたことにあったと言ってよいだろう。そこには、神の摂理への深い信頼があった。

私たちノートルダム会の創立者マザー・ジュリーもまた、すべてを「よし」と受け止めた人であった。ハマーショルドとは生きた年代、性別、国籍、学歴、職務も極めて異なっていたにもかかわらず、二人の間には、共通するものがあった。

それは、二人とも「祈りに裏づけられた行動の人」であったということであり、いかなる苦境の中にあっても失うことのない「神への信頼を持った人」であったということである。

一九九六年が果たして何を、私たちの一人ひとりにもたらすかはわからない。何が与えられようとも、それは、私たちが歩いてゆく人生の道筋をつけるものとして、ありがたく受け止めてゆきたいものである。

「夜は近きにあり」という事実を忘れることなく、日々を、残された人生の初日として迎え、その日が自分の最後の日となっても構わないように、すべてを「よし」として、鮮明に生きてゆきたい。

（1996年1月11日　第111号）

生きる力

今年の七月末、中央教育審議会は第一次答申を行い、今後の教育の方向を「ゆとり」の中で「生きる力」を育てることとした。この答申を受けて、新しい学習指導要領を作成する教育課程審議会が発足したことは周知の事実である。

「生きる力」とは何なのだろう。そして、いかにして育ってゆくものなのだろうか。その重要性は、いじめ、不登校、非行等が学校で大きな問題になっている今日、言うまでもない。しかしながら、果たして「生きる力」は、週五日制、ゆとりの時間、授業時間の大幅な削減といった教育行政の分野で育つものだろうかという疑問がある。

答申は、近年、家庭において過度の受験競争等に伴い、日常生活におけるしつけや感性、情操の涵養《かんよう》等、本来、家庭教育の役割であったものが疎《おろそ》かにされていると述べた後、「我々は……改《あらた》めて、子どもの教育や人格形成に対し、最終的な責任を負うのは家庭であり、……家庭が本来果たすべき役割を見つめ直してゆく必要があることを訴えたい」と述べている。

ある人がかつて、家庭とは「我々に生命を与える源であり、人が考えることを学ぶ最初の学校であり、祈ることを学ぶ最初の聖堂である」と言ったが、今や、残念ながら多くの家庭は、この尊い使命を放棄してしまっている。

マザー・テレサの病状が報道されている。一九七九年度のノーベル平和賞受賞者であったマザーは、二年後の一九八一年に来日し、私たちの大学で学生たちに話されたことがある。感激した学生の中には、インドのカルカッタ（現・コルカタ）に行ってボランティアをしたいと申し出た者があったが、マザーはそれを聞いて、美しい笑顔で答えられた。

「ありがとう。わざわざインドまで来なくてもいいから、あなたたちの〝周辺のカルカッタ〟で働く人になってください」

自分は生きていても、生きていなくても同じだ。むしろ生きていない方がいいのではないかという淋《さび》しい思いを抱いて生きている多くの路上生活者、エイズ患者、ハンセン病者、飢えた孤児たちがカルカッタの街にいる。

ところが、この経済的に発展し、一見豊かな日本の各地にも、実は同じく「生きる自信」を失い、「生きる力」を喪失した人々がいるのだ。学校の中に、家庭に、そして職場に。そのような人々に「生きる力」を与える人々になってほしいというのが、マザー・テレサの願いであった。

それから数年がたった。三月の中頃であったか、卒業生からの一通の手紙には、こう書かれていた。

「昨年の今頃、シスターから卒業証書を手渡していただいた時のことを懐かしく思い出しています。今年、学校に勤めて初めて卒業生を送り出す立場になりました。その中の一人の女子生徒――家庭的にも学業的にも問題のあった――が、卒業してゆく時に、〝先生だけは、私を見捨てないでくれた〟と言い置いて去って行ったのです。思い当たるふしと言えば、授業中にこの生徒と目が合った時、私は努めてほほえみかけたということだけです」

他の教師たちにとっては〝お荷物〟でしかなかった女子生徒、授業中も、したがって無視されていた女子生徒は〝カルカッタ〟に住んでいたのだった。

そして、新卒の教師が、この女子生徒としっかり目を合わせてほほえんだ時、そのほほえみは、「今日もよく学校に来たね。座っているだけでいいのよ」というメッセージを伝え、その生徒に「生きる力」を与えたのであろう。

「生きる力」は、一人ひとりがありのままで認められ、愛され、自分は生きていていいのだという確信を得た時に生まれるのである。

このような確信は、行政的措置のみでは決して得られるものではない。本来、親が子どもを条件ぬきに〝宝〟として愛することによって、身に沁《し》みてゆくものなのだ。

ところが、その使命と機能を家庭が喪失しがちな今、学校は、そこに学ぶ人たちに「生きる力」をつける場となっている。かくて偏差値で輪切りにされてきた学生の一人ひとりに、自分がかけがえのない、すでに神によって愛されている〝ごたいせつな存在〟であることを気づかせる教育——名前で呼ぶ教育が求められている。

そして、それこそが、ノートルダム清心女子大学の最も根源的なミッション（使命）であることを決して忘れてはならない。

（1996年10月25日　第114号）

塩の味

今、日本中に、幼稚園から大学まで約九百のカトリック校が存在している。そして、これら学校間の一致を促進する二つの異なった機関がある。

一つは、日本カトリック司教協議会のもとにある「学校教育委員会」で、教会の立場からこれらの学校がカトリック校としてのあるべき姿を保つよう、指導・助言するものである。

いま一つは、これら九百のカトリック校が加盟して構成している「日本カトリック学校連合会」で、大学、短大、小中高、幼稚園の四連盟がその傘下にあり、相互の連絡、情報交換、情報提供等を通して、その一致を促進することを目的としている。

ここ数年来、教育委員会と学校連合会は協力して、「カトリック学校としての自己点検評価基準」の作成作業にあたり、この度、司教協議会の承認を得ることができた。これは、カトリック校のアイデンティティーを明確にする必要に迫られてのことである。

「基準」は、幼稚園から大学までをカバーするものであるため、その適用は各校種、地域の特殊性等を考慮して行われるのが適当と考えられるが、次の八項目から成っている。

(一) 教区長から、カトリック学校として認められている。
(二) 教区長との連絡が適宜行われ、小教区との相互協力も行われている。
(三) 学校法人理事会の構成ならびに運営方針が、カトリック学校としての存続と発展を約束する。
(四) 寄付行為、学則、就業規則、学校要覧等に、学校がキリスト教精神に基づいて運営されることが明記されている。
(五) 学長、校長、園長が、カトリック学校の理念と精神を保ち、それを実現するためのリーダーシップを発揮できる人である。
(六) 構成員が学校のキリスト教精神を尊重する。
(七) 教職員が、キリスト教の理念に基づいて、一人ひとりの個性を尊重した全人教育を行おうとする積極的な意向を持つ。
(八) 教育活動の全領域で、キリスト教精神に基づいた人間育成がなされている。

これらは、カトリック校としての「審査基準」ではなく、あくまでも「自己点検評価基準」であることに留意したい。

「あなたがたは地の塩である。もし塩に塩気がなくなれば……何の役にも立たず、外に投げ捨てられ、人々に踏みつけられるだけである」(マタイ5・13)

この聖書の厳しい言葉は、カトリック校に向けて言われたとも受け止められよう。カトリック校がその「味」を失う時、それは、「何の役にも立たない」、つまり、その存在理由を失うのである。

ノートルダム清心女子大学は、現在日本に存在する16のカトリック大学の一つであり、近い将来創立五十周年を祝おうとしている。一九二四年に来日したノートルダム修道会が、その財産を寄付して設立した学校法人によって出来た大学であり、その存在理由は、岡山の地に、創立者ジュリー・ビリアートの遺志——キリスト教的価値観に基づく教育——を行うこと以外の何ものでもない。

今、この大学に教え、働き、学ぶ人たちの間に、「カトリック大学」という意識がどれだけ浸透し、自覚されているだろうか。設立母体から派遣される修道者の数も著しく減少している今日、ノートルダム清心女子大学が、そのカトリック大学としてのアイデンティティーを保ち続けるためには、その構成員一人ひとりの協力が必須となっている。

「基準」の作成に関与した一人として、また、大学をこよなく愛する一人として、この大学が「塩の味」を失うことのないよう、皆様のご協力を切にお願いしたい。

(1997年10月27日 第118号)

大学に学ぶということ

ある全国新聞が大学生を持つ父母に対して、「大学生をどう思うか」というアンケートをとったことがある。受験地獄を通り、今や多額の学費負担をかけている我が子の学習態度について、「まじめに勉強していると思うか」という問いには、次のような答えが寄せられた。

「非常にまじめにしている」はわずか〇・四%。「まあまじめにしている」二一・一%。「あまりまじめにしていない」六三・二%。「まったくまじめにしていない」八・五%。「わからない、無回答」六・八%。

「最近の大学生の成長具合」について尋ねたのに対しては、「年齢の割に考え方が未熟」

六二・八％。「年相応の考え方を持っている」一六・六％。「年齢の割にしっかりしている」四・五％であった。

自由回答欄には、「知識があっても応用がきかない。その割に口だけは達者」「一般常識に欠け、自分の意見、要求だけは言う」とこれまた手厳しい批判であった。四年近く前の統計ではあるが、事態はその後、あまり変わっているとは思えない。

大学は何をするところかと問われて、「学問するところ」と答えるのは易《やさ》しい。しかしこの統計で見る限りにおいては、「勉強していない」と答えている父母が七一・五％に達している。これは他の多くの人々が昨今の大学生の勉強に対する態度に抱いている思いともいえよう。

私が大学に専任として勤めていた頃も、休講を知らせる掲示板の前で大喜びしている学生たちの姿に悲しい思いをしたものだった。私が後を歩いているとは知らず、「大学に来てまで勉強することないよね」と話し合う学生たちの会話に唖然《あぜん》としたことがある。私語の多さ、行儀の悪さ、言葉づかい、服装の乱れは、「今どき、どこでもそうですよ」と言われ、それも承知しながら、だからこそノートルダム清心女子大学は違っていてほしいと願うのは、私だけだろうか。

大学にとって第一の、そして最も重要な目的は、そこに学ぶ一人ひとりの知性の錬磨にあることは言うを俟《ま》たない。大学は何となく四年間を過ごして学士号を取得するところでもなければ、就職するための便宜的な居場所でもない。

大学は、そこにいたるまでの受験勉強、覚えることに重点がおかれた勉強と異なり、考えることが重要視される場でなければならない。人生について、愛について、自由について、自分が生きている意味について考え、生きる目標を模索するための恵まれた四年間なのである。

ニーチェが「生きるべきなぜ（why to live）を知る者は、ほとんどすべてのいかに（how to live）に耐えることができる」と言ったように、生きる目的を知り、己のかけがえのない価値に自信を持つことができれば、人生において遭遇するあまたの困難を生き抜くことができるのである。大学は、学生たちの社会的、経済的自立とともに、その人格的自立を促し、助ける場でなければならない。「象牙の塔」と呼ばれた大学の時代は終わった。社会のただ中にある大学で、学生たちは、さまざまな社会現象が持つ意味を、自分が納得できる形で理解してゆくことを学ぶのだ。社会の現状を肯定するにせよ、変革を願うにせよ、それなりの理由を持ち、ふさわしい手段を知ること。「そうかもしれないが、そうでないかもしれない」と、自ら考え、疑問を持ち、批判する力を養う道場なのだ。

知性とともに、意志の錬磨も大学の役割の一つであろう。自由についての正しい認識のもとに、自分の自由を守るとともに、他者の自由への尊敬を培ってゆくこと、自制心を養い、弱い人、貧しい人々との連帯を通して、世の中には、自分の知らない世界があることに気づくことも、利害損得と無関係に存在する大学なればこそ、可能なのである。

「勉強しない大学生」の汚名は返上されねばならない。大学の美しきは決して、建物、並木の美しさでなく、その大学が、本来の使命を全うしている姿にこそあるのだ。「大学で教え、学ぶとはどういうことなのか」についての自己評価、自己点検が求められている。

最後に、ノートルダム清心女子大学が、カトリック大学として設立されていることを私たちは決して忘れてはならない。人間一人ひとりは、「神の似姿」として、理性と自由意志を与えられているのだ。その錬磨こそはとりも直さず建学の精神なのである。

（1999年10月30日　第126号）

カトリック学校の目標

二十世紀も残すところ僅《わず》かとなった。この一世紀の間の科学技術の発達は目覚ましく、人間は、それまで不可能とされ、夢と考えられていた数々のことを可能にし、実現した。月面に人類が一歩をしるした世紀であり、医療の進歩が多くの伝染病を撲滅し、人工生殖、人工延命をも可能にした世紀であった。

しかし、この同じ世紀はまた、二つの世界大戦を経験し、絶え間ない民族間・宗教間の争い、テロ・交通事故・自殺等の結果として、悲しくも理不尽な葬式が数多く営まれた世紀でもあった。

急速な文明の発達に見合う人間性の適応が追いつかず、価値観の多様化は、誤った〝自由〟を助

長し、経済の発展は貧富の差を拡大し、お金が万能の世の中を生み出してしまっている。

文明の利器は、たしかに便利、安楽、スピードをもたらしたが、その半面、人間から「待つこと」「耐えること」「静かに考えること」といった習性を奪ってしまったかのようである。

数年前、ＮＨＫがスペシャル番組として、一人のアメリカ人の少年について放映した。崩壊家庭に生まれ、育ち、友人といえば、いわゆるワルばかり、かくて自らも非行に走って刑に服している十五歳の少年の話であった。

彼は、刑期を終えたら、今度こそは〝まともな〟生活を送りたいと考えているのだが、その方法がわからないでいる。そんなある日、一人のホームレスが彼の働いている作業場に来て話しかける。

「お前は、何かにぶつかった時、反射的に行動し、それから感じ、それから考えるという順序で生きてきたのか。それともその逆の順序だったのかい」

言われた通りの順序だったと答える少年に、ホームレスが言う。

「だからお前は、今ここにいるのさ。これからは、逆の順序でやってみな」

この時から少年の、自分自身との闘いが始まる。どんな相手、物事に対しても、まず考え、次に感じ、しかる後に行動する――失敗を重ねながらも、この順序を繰り返すことによって、少年はやがて、〝まともな〟道を歩む人間に変わっていったという話であった。

実はこの、まず考えるということ、次に感じる余裕を持ち、その後に行動するという順序こそは、「一人格」としての生き方なのである。

ガブリエル・マルセルが、「人は皆人格だというが、真に人格と呼ばれるべき存在は、自ら判断し、判断に基づいて選択、決断し、自らの決断に対しては、あくまで責任を取る存在なのであって、付和雷同するようでは、単なる人間ではあっても、人格とは言い難い」と言っている。

文明の所産の中には、人間が反射的に反応することを要求し、「待つこと」「考えること」を不要にしているものも多い。自動と名のつくものは、家事の時間を助け、老人、障害を持つ人々に朗報をもたらした。しかし、これら便利なものは、「一人で生きること」を可能にした半面、「他人と共に生きること」「思いやること」「支え合うこと」といった、人間の幸せに不可欠な心を弱くし、自分中心主義を助長している。

機械的、数的処理がかつての煩瑣《はんさ》な仕事量を大幅に減らし、合理化を可能にした半面、〝顔の見えない〟匿名性が、「かけがえのない自分」、その自分の「責任感」を希薄なものにしつつある。人間は文明の発達を喜び、その恩恵を享受しつつ、その中で、人格としての生き方を死守してゆかないと、人間と文明の所産との間に、本末転倒の状況を現出しかねないのである。

三年前に、ローマのカトリック教育省が出した小冊子は、次のように明記している。

「カトリック学校は、一人格になるための、また人格としての人間のための学校であることを、その根本としている。……人間が人格になってゆくことが、カトリック学校の目標なのである」

ノートルダム清心女子大学は、カトリック大学である。そうだとすれば、そこで「人間が人格になってゆく教育」が、現実的に行われているかどうかの絶え間ない自己点検・評価が必要となる。カトリック学校の「目標」についての点検、評価こそは、まさに今、この大学に、最も求められていることではなかろうか。

（2000年10月31日　第130号）

愛と奉仕の実践を

今年の一月末のこと、東京の新大久保駅構内で、プラットホームから落ちた男性を救おうとして、二人の男性が線路に降りたが、結果的に三人とも死亡したということがあった。

今どき不慮の死であっても、よほどのニュースバリューがないとメディアは大きく扱おうとしない。ところが、この場合は違った。翌朝、各新聞紙は1面に、これを大きく報道し、犠牲となった二人の行為を英雄的なものとして賛《たた》え、悼んだのであった。

ある英字新聞も第1面に「Two Samaritans」という大見出しでこれを報じた。「2人のサマリア人」という見出しは、聖書を読んだことのない人には理解しにくいものだったかもしれない。これ

は、聖書の中に書かれている有名なたとえ話の一つである。

一人の律法学者がキリストに向かって、永遠のいのちを得るために何が必要かと尋ねる。そしてそれが、「心を尽くして神を愛し、隣人をも自分自身のように愛することだ」と聞かされた時、重ねて尋ねるのだった。「わたしの隣人とは誰ですか」

「善きサマリア人のたとえ」は、この問いに対してキリストが語ったものであった。

ある日のこと、一人のユダヤ人が歩いていて強盗に襲われ、身ぐるみ剥《は》がされ、打ちのめされて道ばたに横たわっていた。一人の祭司がその傍《そば》を通りかかったが、怪我《けが》人を見て、道の反対側を通って行った。次に同じく、神殿に仕えるレビ人が来たが、この人も怪我人を見て、道の反対側に渡って、そのまま通り過ぎてしまった。

通りかかった三人目は、ふだんユダヤ人とあまり友好的でないサマリア人の旅人であった。彼は怪我人を見ると憐《あわ》れに思い、自分のロバに乗せ、近くの宿屋へ連れて行き、主人に金を渡して介抱を依頼した後、自分の旅を続けた。

ここまで話してからキリストは、律法学者に問い返す。「あなたはこの三人の中で、誰が怪我人に対して隣人として振るまったと思うか」。そして、「その人を助けた人です」という答えに対して言うのだった。「行って、あなたも同じようにしなさい」

隣人は誰か、と定義を求めた律法学者に対して、キリストが言いたかったのは、誰にせよ、困っている人の隣人になること、愛の実践の重要性であった。

「2人のサマリア人」という英字新聞の見出しは、かくて、窮地に陥っていた見ず知らずの人に手を差し伸べようとした二人のサマリア人という意味で、当を得たものであった。

おおよその日本人は、この記事に心揺さぶられたのではなかろうか。二人が取った行動は単なる美談にとどまらず、私たちに、〝忘れもの〟を思い出させてくれたのであった。「ひとに迷惑をかけなければいい」という価値観以外に、「ひとのために進んで何かをする」ことの大切さを示すものであった。少なくとも私は、このことに心を動かされたのだった。

「ひとに迷惑をかけない」ということは、私たちが守らないといけない基本的ルールの一つである。授業をしているのに、廊下を大声で話しながら通ったり、靴音高く歩いたり、横並びに歩いて通路を塞《ふさ》ぐ学生たちの姿を、この大学でも見かけて、悲しく思うことがある。

附属幼稚園の園長を兼任していた頃、入園テスト時に母親と面接し、家庭で気をつけていることを尋ねると、多くの人が、「ひとに迷惑をかけないようにしつけています」と答えたものだった。

このことも大そう重要なことであるが、教育のどの時点かで、「進んで助け合うこと」「弱い人の手伝いをすること」といった積極的な愛と奉仕の必要性と喜びを、子どもたちに伝えていかないといけない。

ノートルダム清心女子大学は、キリスト教の教育理念に基づいて創立された大学であり、その理念を失う時、存在意義をも失う大学である。ゆえに、そこでは奉職する人、学ぶ人、個々人の信仰とは関わりなく、ヒューマニスティックな「愛と奉仕」の精神と実践が求められる。欲得を離れた無償の愛と奉仕が、何らかの形で受け継がれてゆかなければならないのであり、それなしに、この大学の魅力はない。

「愛は近きより」(Charity begins at home) といわれる。施設、被災地への奉仕、ボランティアも、もちろん大切なことだが、同じその人たちが、大学のさまざまな行事、自分の家庭、日常生活の中で、進んでひとのために働いているか、ひとを許し、愛しているかが問われるのだ。

教職員もまた、学生の中に〝サマリア人の心〟を育てることに努めてほしい。大学というところは「定義」とか「理由づけ」を重んじるところである。しかし同時に、大学が人間形成の場であること、愛と奉仕の実践を習得する場であることも忘れてはならない。

(2001年10月31日 第134号)

教養教育について

今年の二月、中央教育審議会は、「新しい時代における教養教育の在り方について」という答申書を出している。

「新しい時代」というからには、必然的に過去との比較があるわけで、この度の答申書は従来の、広汎《こうはん》にわたる知的な豊かさといったものと少し異なる〝教養〟の内容に言及している。部分的に挙げると次のようになる。

「社会との関わりの中で自己を位置付け、律していく力。我が国の伝統や文化・歴史、ならびに異文化への理解。科学技術の発達、情報化の進展への対応。倫理的思考力。身についた〝修養的教養〟」

このような〝教養〟の捉え方の背後には、物質的に豊かになった半面、精神的に貧しくなっていること、価値観の多様化の半面、社会共通の目的、目標が見失われつつある現実がある。青少年は、将来展望の不確実さの中で、生きていく自信を失いがちになっている。学生たちの中にも、学ぶことの目的意識が弱く、無気力、または受動的な生活を送る人が多くなっているのではないか。

このような状況のもとで、新しい時代の教養教育が、過去のいわゆる〝教養的なもの〟から、むしろ〝生きる力、主体的に行動する力〟を養うものへと、その重点を移したのも故《ゆえ》なしとしない。

いつの時代にも教養教育は大切である。それは、時代を超えて「人間のあるべき姿」を考え、その姿に近づける教育と言っていいだろう。人間一人ひとりが、自分は誰か、なぜ、何のために生きているのか、いかに生きるべきかについて考える心の姿勢を養い、さらに、自らが、置かれた社会の中で生きていくのに必要な、基本的行動規範を身につけるために資する教育なのである。

大学に入学するまでの二十年近くを、家庭においても学校においても、このような基礎的教養を身につけることなく過ごしてきたとすれば、大学は、この教育を担う重要な場の一つと言えよう。

昨今、社会で起きている数多くの不祥事、不正、虚偽、隠蔽《いんぺい》工作等を、恥じることなく行った人々は、学歴、知識、技術に不足はなかったかもしれないが、教養人とは言いがたい人々であった。

教養とはかくて、必ずしも学歴、地位の高さ、財産の多さと一致するものではなく、その人の人間性の〝上等さ〟を表すものである。教養のある人とは、「人間のあるべき姿」を常に求め続けている人といってもよいかもしれない。

科学技術の進歩、特に目覚ましい生命科学の発達は、かつて神の領域とされていた分野を、人間の操作の対象としてしまった。人間が万能であるかのような思い上がりが、時に、その立場を忘れさせ、私たちは今、人間が恣意《しい》的に行動する時の恐ろしさを、日常的に経験している。

自分を超える大いなる者、神の存在を意識した時、初めて人は、自分の「あるべき姿」に気づくことができるのではなかろうか。

ドストエフスキーが、その著、『罪と罰』の中で、主人公ラスコーリニコフに、「神がいなければ、すべてが許される」と言わせているが、「何でもあり」の今の世の中は、かくて神不在の世の中であり、「世間体」という抑制力の弱まりつつある日本で、大人も子どもも、人間としての「あるべき姿」を見失いがちになっている。

自ら、アウシュビッツ収容所の体験をしたオーストリアの精神科医、ヴィクター・フランクルは、戦後間もなく、ウィーンの医師会で次のように話している。

「人間とは何でありましょうか。人間とは人間であるべき姿を、絶えず決定してゆく存在であります。それは、動物の水準にまでなり下がることができると同時に、聖者の生活を送るところまで向上できる可能性を持つものであります。人間とは結局、ガス室を発明した存在でもあり、同時にその同じ人間によって作られたガス室へと、頭をまっすぐに上げて、許しの祈りを唱えながら入ってゆくことのできる存在でもあります」

ガス室もサリンも爆弾も、人間しか作り得ないが、許しもまた、人間しかなし得ない行為なのだ。

「人間とは、人間であるべき姿を絶えず決定してゆく存在である」という言葉を、重く受け止めるべきであろう。

他の動物にはない理性と自由意志を賦与《ふよ》された一人格としての人間が「社会との関わりの中で自己を位置付け」ることを、中教審の答申は〝教養〟の一条件として挙げている。

カトリック大学としてのノートルダム清心女子大学においては、これに加えて「神との関わりの中」での人間の位置付けも、教養教育として行われなければ「看板に偽りあり」ということになる。

専門教科、資格取得のための教育も大切である。しかし大学のアイデンティティーは、そこを卒業する人々が、どのような〝教養人〟に育つかにかかっている。高い志を抱き、自分のあるべき姿を常に神と人との関わりの中で考え、決定してゆく人々であってほしい。

（2002年10月31日　第138号）

神のまなざし

「ナンバーワンよりオンリーワン」というキャッチフレーズを、目や耳にしてからもう数年になる。このフレーズは、学校現場でも入学式や卒業式の式辞等に使われ、今では歌にもなって、人気歌手のグループが歌っているという。

学業はもちろんのこと、運動競技でも文化活動でも、とにかく一番になることを目指して世界一、日本一、金メダルということが大きなニュースになっていることは、昔も今も変わらない。

そうかと思えば、この同じ願望の裏返しのように、「等級をつけないこと」、例えば運動会のかけっこで、皆がゴールの前で遅い子どもたちを待って、一緒にテープを切る幼稚園の話、体の弱い生徒

を〝差別〟しないために、皆勤賞や精勤賞をなくした小学校の話などもあった。世の中、かけっこで一等になる子もいれば五等がいてもいいではないか、体の弱い子へのいたわりも大切だが、頑張って無遅刻、無欠席を貫いた子の努力を認めることも大切だと思い、このような悪平等に違和感を抱いていた私は、ナンバーワンよりオンリーワンという標語に、我が意を得たりという思いであった。

ところが最近、青少年の間で、このオンリーワンということが「特別な一人」という意味に解釈されることがあると教えられて、少しがっかりしている。つまり、普通ではつまらない、目立つ存在としてのオンリーワンだというのである。

ある新聞がコラムでこのことを取り上げ、「他人の視線で認知され、承認されて、初めて『個』が価値を帯びる」オンリーワンであると、客の目を引く花にたとえて論評していた。

四十年あまり学生たちと関わっていて、たしかにその一部に「目立ちたがる」風潮があることに気づく。その一方で、他と同調していないと安心できない人たちもいて、このいずれも「他人の視線」を気にしていることでは同じである。個性があるようで、真の個性を持つところまで成熟していない若者たちの姿といえるのではないだろうか。

ミッションスクールの使命の一つは、そこで学ぶ人たちに対して、教職員が「他人の視線」でなく、「神の視線」のもとに生きる安心感と喜びを伝えることだと、私は思っている。したがってオンリーワンということは、神のまなざしにおいて〝かけがえのない一人〟ということなのだ。

キリスト教が四百五十年ほど前に渡来した時、宣教師たちは、「愛」という言葉の代わりに、「ごたいせつ」という美しい言いまわしを用いた。封建の時代にあって、人々が身分、家柄、性別、年齢等で不当に差別されていた時に、宣教師たちが伝えようとした「福音」は、神の視線に映る人間の平等性だったのである。神のまなざしの前に、一人ひとりは、すでに愛されている「ごたいせつな存在」、オンリーワンなのだという「良きしらせ——福音」であった。

存在そのものが価値あるものだということ、目立たなくてもいい、普通で構わない、ありのままでいいのだ。キリストは、善い羊飼いの譬《たとえ》をもって、九十九頭を野に置きっ放しにしてでも、迷い出た一頭をオンリーワンの羊として探しにゆく神の愛を示したのであった。

この、かけがえのない一人という思いが、ミッションスクールとしてのノートルダム清心女子大学の中に浸透していなくてはいけない。

このところ五年続けて、年間の自殺者の数は三万人を超し、その数は交通事故死者数を凌《しの》ぐという。その人たちの遺書の多くに、「邪魔にされている」悲しみと、「他人の迷惑になっている」辛《つら》さが綴《つづ》られていると聞いた。

「人間は、存在を他人に祝福されていなければ生きていけない」という言葉が、しみじみと身に沁《し》みる時がある。自ら求めて、この世に生まれて来ていない私たち一人ひとりは、「あなたは必要な人です」「生きていていいのですよ。生きていてくださいね」という、他人からの祝福と励ましなしには、生きていく自信を失うことがあるものなのだ。

この大学を訪れ、学生たちに語りかけてくださったこともあるマザー・テレサの生涯は、このような祝福と励ましと祈りを、生きる自信を失った人々に与え続けたことに尽きたのであった。マザーにとって、一人ひとりを世話することは、福祉事業ではなくて、一人ひとりの魂を、かけがえのないオンリーワンとして〝ごたいせつ〟に思う心の表れでしかなかった。マザー・テレサの列福式が、死後六年という異例の早さで、この十月にローマで行われたということは、マザーのこのような愛の生涯に対する高い評価を示すものといえよう。

この大学が、「神の視線」においてオンリーワンであることを、学生たちに伝える大学であり続けるように、教職員が学生たちへの関わりにおいて、このメッセージを伝えてくださるよう、切に願っている。


（2003年10月31日　第142号）

消しゴムのカス

もう二十年も前のこと、大学で「道徳教育の研究」を担当していた時のことでした。学期末テストの監督をしていた私は、一人の四年生が席を立ち上がってから、また何か思い直して座る姿に気づきました。九十分テストでしたが、六十分たったら、書き終えた人は退席してよいことになっていたのです。

座り直したこの学生は、やおらティッシュを取り出すと、自分の机の上の消しゴムのカスを集めてティッシュに収め、再び立ち上がって目礼をしてから教室を出て行きました。

私は教壇を降り、その人の答案に書かれた名前を確かめたように覚えています。嬉《うれ》しかったので

す。ちょうどその頃、（今もそうですが）教えている学生たちと、「面倒だから、しよう」という、ちょっとおかしな日本語を合言葉にしていたのですが、この四年生は、それを実行してくれたのでした。「生きる力を育てる」ということが、教育の世界で叫ばれています。この難しい社会を生き抜くために大切なことなのですが、より良く生きる、人間らしく生きる力でなければいけないのではないでしょうか。自分だけがお金をもうけ、権力の座につき、立場を守ろうとする、そのためには、他人はどうなってもいい、嘘《うそ》も平気でつけば、人を欺いても構わないと思っている人たちの姿が多くなっているように思えます。

「お金もうけして何が悪い」「お金で人の心も買える」と、拝金主義をはっきり表明した人たちもいて、このような考えが弱肉強食の社会、格差を広げる世の中を助長しています。お金が大切であり、必要なものであることは、長い間、管理職にいて、しみじみ経験しています。でも、お金の多寡が人の心の幸せの尺度であり得ないことも知りました。聖書にある通り、「人はパンだけで生きるのではない」のです。自分自身の弱さを知りながら、情欲に打ち克《か》って、人間らしく、主体性を持って生きる心の充足感で生きるのです。

人には皆、苦労を厭《いと》い、面倒なことを避け、自分中心に生きようとする傾向があり、私もその例外ではありません。しかし、人間らしく、より良く生きるということは、このような自然的傾向と闘うことなのです。したくても、してはいけないことはしない、したくなくても、するべきことをする自由の行使こそは、人間の主体性の発現にほかなりません。

今からもう十年近く前になるでしょうか。一少年による連続幼児殺人事件が起きた時に、子どもたちの中から、「なぜ人は人を殺していけないのですか」という質問が出て、大人がたじろいだことがあります。動植物のいのちを奪って生きている人間が、なぜ他の人間のいのちだけは、奪ってはならないのか。

この問いに対する正解はないでしょう。今、こうしている間にも、死刑が執行され、テロや戦争で、人が人を殺しているのですから。この世の中には矛盾がたくさんあります。

ところで、「人間の尊さ」はどこにあるのでしょうか。私はこの、「なぜ殺してはいけないのか」という疑問を持つこと自体にあると思っています。つまり、人間だけが、「なぜ」という問いを持ち、それについて考え、悩むことができるのです。これこそ神の似姿として創《つく》られた一人格の姿であり、大学とは、このような人間の営みを訓練し、育ててゆく場なのです。

ノートルダム清心女子大学は、カトリック大学として創設され、存在しています。その建学の精神は、そこにおいて、人間が人間らしく生きることを学ぶことにあります。自分が出した消しゴムのカスを始末して席を立つ学生の育成と言ってもいいでしょう。他の動物に賦与《ふよ》されていない理性と自由意志を、絶えず真、善、美の方向に向けさせ、環境の奴隷でなく、環境の主人となって、幸せに、心豊かに生きる道筋をつける場なのです。

「人は善しか選ばない」と、若い時に習い、奇異な感を抱いたことがありました。でも本当にそうなのです。その人にとって、人のいのちよりも保険金を手に入れることの方が〝善〟と映る時、人は殺人を犯し、自分の身の保全のために、人は平気で嘘をつきます。

教育の重要性がここにあります。カトリック教育の重要性は、神から与えられた理性を錬磨し、自由意志を正しく使って、誘惑に負けることなく、キリストが大切にしたものを〝善〟として選ばせるところにあります。かくて大学は毅然《きぜん》として、その拠《よ》って立つ価値観を提示してゆくべきなのです。それを受け入れるかどうかは、本人の自由です。ただ、自分の魂を汚すようなことをしないでほしい。

消しゴムのカスをそのままにしておくのも、片付けて席を立つのも、本人の自由です。この大学は、いついかなる時にも、一瞬立ち止まって考え、より人間らしい、より良い選択ができる人たちを育てたいのです。安易に流れやすい自分と絶えず闘い、倒れてもまた起き上がって生きてゆく人を育てたいのです。

（2006年10月31日　第154号）

〝両手で頂く〟教育

相田みつをさんが、「現代版禅問答」と題して、書いていらっしゃいます。

「ほとけさまの教えとは、
なんですか?」
郵便屋さんが困らない
ようにね　手紙のあて名を
わかりやすく

正確に書くことだよ
「なんだ　そんなあたりまえの
ことですか」
そうだよ　そのあたりまえの
ことを　こころをこめて
実行してゆくことだよ

この、「あたりまえのこと」、時には「つまらないこと」を、心をこめて実行することの大切さが、最近、忘れられています。そして、この実行こそが、人を美しくするのです。それは、化粧がつくり出す〝きれいさ〟とも、生まれつきの器量の良さとも異なって、私たちが、面倒さを厭《いと》う自分、易《やす》きにつこうとする自分との闘いを恐れず、時には倒れてもいい、そこから立ち上がって努力し続けてゆく中で育ってゆく、〝心の輝き〟と言っていいでしょう。

「速いことは良いことだ」という価値観が世の中を席巻し、「何でもあり」といった服装、言葉づかい、マナーがまかり通っている世の中に生きていると、知らず知らずのうちに、私たちまで、心をこめて字を書き、人と接し、事に当たることを忘れてきています。

そんな中で、私は最近、一つの言葉に出合いました。「ひとのいのちも、ものも、両手で頂きなさい」卒業証書や賞状を頂く時、私たちは両手で頂きます。赤ちゃんを抱く時も、両手で抱き上げることでしょう。そこには、〝ていねいさ〟があります。スピード、合理性を重んじる世の中で、私たちは自分や他人のいのち、ものを〝ぞんざいに〟扱うようになってきてはいないでしょうか。両手で頂く心が失われ、〝片手で〟いのちと接し、物を受け渡しするのに馴《な》れてしまったようです。

私たちの大学は、「ノートルダム」という名を冠していて、これがフランス語で、「聖母マリア」を指す言葉であることは、教養として広く知られているところです。

マリアについて聖書は、あまり多くを語っていません。倉敷の大原美術館には、エル・グレコの有名な「受胎告知」の絵があります。「あなたはみごもって、男の子を産む」という思いがけない天使の告げに、マリアは戸惑います。しかし、それが神のなさることと知らされた時、「お言葉どおりになりますように」と、その事実を〝両手で頂いた〟のでした。その後も、聖母の生涯の中には、「なぜ、どうして」と、いぶかりたくなることが、数多くありました。その極みは、我が子イエスの、十字架上での死だったことでしょう。

マリアは、この死も両手で頂きました。心で受け止めただけでなく、ピエタの像に見るように、現実に両手で、十字架から降ろされたイエスのなきがらを頂いたのでした。

その聖母の名をとって、ノートルダム修道女会を設立した、私たちの創立者マザー・ジュリーも、生涯において遭遇した一つひとつの出来事を、ていねいに受け止めた人でした。その六十五年の生涯は苦難の連続でした。三十年余を麻痺《まひ》のため病床に過ごし、迫害に耐え、教会の上長からは理不尽な叱責《しっせき》を受けて生国を追われ、さらに修道会内の一部のシスターたちの離反さえも経験したのです。

他人の世話にならねばならない惨《みじ》めな病気の自分を、嫌うことなく優しく頂き、辛《つら》く当たる人々、想定外の不幸、苦しみ、挫折のすべてを、ていねいに頂いたマザーは、後に「ほほえみの聖人」と呼ばれました。その口癖、「善き神のいかに善きかな」という言葉そのものが、マザーの神に対する深い信頼と、その御手から送られてくる一つひとつを、ていねいに、ありがたく〝頂いた〟ことの証しです。

二十一世紀に入って、世の中はますます機械化し、スピーディーになっています。冒頭の詩にある、郵便屋さんが読めないような達筆、または、なぐり書きの宛名は減り、代わりにコンピューター印字の宛名がふえてきました。

では、あの「禅問答」は時代遅れとなってしまったのでしょうか。いいえ、今や、ますます必要の度を増すものとなったのです。なぜといえば、私たちは最近、とかく〝ぞんざい〟になり、片手で、人のいのちも、ものも扱い始めているからなのです。

もしも、「現代版キリスト教問答」というのがあって、「神さまの教えとは何ですか」と問われたとしたら、「あたりまえのことを、心をこめて実行すること。与えられる一つひとつのいのちも、ものも両手で頂くこと」と答えましょう。そしてそれは、この大学の建学の精神を表す一つの生き方でもあります。

（２００７年10月31日　第１５８号）

自由人の育成

ノートルダム清心女子大学は、根本的にリベラル・アーツ・カレッジであり、その目指すところは、キリスト教的価値観に基づいた「自由人の育成」にあります。自由人とは、自分の人生のあり方について、自分で判断し、選択し、自分の行為、不行為について責任を取り続ける人の姿といってよいでしょう。

一人の人が判断、選択するに当たっては、遺伝、環境という二つの要素が大きく影響することは、言うまでもありません。しかし人間は、この二要素だけの〝産物〟ではなくて、〝第三の力〟を持っています。それは、神の似姿に創《つく》られた人間にのみ与えられた、理性と自由意志という力です。

しょうぶ
黒い土に根を張り
どぶ水を吸って
なぜ　きれいに咲けるのだろう
私は
大ぜいの人の愛のうちにいて
なぜ　みにくいことばかり
考えるのだろう

（星野富弘）

人間の場合、咲くも咲かないも、どのように咲くのかも、結局は、自分次第なのです。

三十五歳の時、岡山という未知の土地に派遣され、翌年、学長に任命された私は、就任に際し、学生たちに、アッシジの聖フランシスコの祈りを引用して話をしました。これを学生たちの理想像にしてほしいと思ったからです。それは、

主よ、慰められるよりも慰めることを
理解されるよりも理解することを

愛されるよりも愛することを
　私に求めさせてください

という祈りで、「受けるよりも与える幸せ」を求める人になりましょうという、キリスト教の精神に基づくものでした。

　ところが、私がまず、落第生になってしまったのです。知らない土地で、経験も知識もなく、こんなに苦労しているのに、周囲の人は慰めてくれない、わかってくれない、助けてくれないという惨《みじ》めな思いにさいなまれる日々が、しばらくの間続きました。

　そんなある日、一人のベルギー人神父が一片の英詩を黙って渡してくださいました。その詩は要約すると、次のようなものでした。

神がお植えになったところで
咲きなさい
咲くということは
仕方がないと諦めることではなく
置かれたところで幸せに生き
周囲の人々も幸せにすることなのです

つまり、今の状況に自分が置かれたということは、偶然ではなくて、そこに神の手が働いているのだと理解すること、しかも、その神は慈愛に満ち、その時、一番良い場所として、私をここにお植えになったのだ、と信じて生きなさいという内容の詩でした。

咲くも、咲かないも、自分次第であることが、この詩にも示されていました。環境の奴隷になることもできれば、環境の主人になることもできる〝第三の力〟を持つ、自由人として生きなさいということでした。

聖書の中に、発想の転換を教えてくれる一つのエピソードが語られています。

ある日のこと、人々が一人の目の不自由な人を連れてきてキリストに尋ねます。「この人がこのようなのは、本人が犯した罪のせいですか。それとも親の罪のせいですか」

キリストは答えて言われます。「そのどちらでもない。神の業が、この人に現れるためである」（ヨハネ9・3）。そして、その人の目が見えるようにしておやりになりました。人々は、「なぜ」と、その原因を尋ねたのに対して、キリストの答えは、「なんのために」と、その事実が持つ意味の指摘でした。

「誰のせいか」「なぜ、こういう目に遭うのか」という問いも、当然あってよいのです。しかし、世の中には、「なぜ」という問いとともに、「なんのために」という問いかけもあっていいのだと気づく時、自分の、その事がらに対しての理解が深まり、道も拓《ひら》け、姿勢が前向きになるように思うのです。

大学の創立者、マザー・ジュリーの生涯は、「なぜ、私は不随の身となり、三十年もベッドに縛りつけられるのですか」「なぜ、私はこんなにひどい仕打ちを、次から次へと受けなくてはいけないのですか」と、問い続けても構わない一生でした。

しかしマザーは、「なぜ」でなく、「なんのために」と、発想を転換なさったのです。この切り換えなしに、ノートルダム修道女会は存在しなかったでしょうし、私たちの大学も存在しなかったのです。

力に余る試練を与えない「善き神」に対するマザーの信頼が、泥沼のような環境の中で、美しいほほえみの花を咲かせ、マザーに自由人としての一生を可能にしたのでした。私たちもまた、いつも「なんのために」と前向きに考える自由人でありたいと願っています。

（２００９年10月31日　第１６６号）

私に出来ること

東日本大震災は、二万人以上の死者と行方不明者を出し、今もなお、多くの人が不自由な生活を強いられています。

三月十一日の朝、亡くなった人のうち誰が、その日、自分の生命が失われると思って床から起きたでしょう。「死は盗人のように来る」と言われている通りで、年齢、性別、地位、財産等と関わりなく、私たち一人ひとりは、いつか必ず、死を迎えねばならないのです。

「人は、生きたように死ぬ」とも言いますが、これは必ずしもそうでなく、生涯を弱者のために尽くした人が、理不尽としか思えない死を遂げることもあります。

それならば「いい加減に」生きてもいいではないかというのも、一理ありますが、反対に、わからないからこそ、「ていねいに」生きることもできるのです。私たちの大学は、この後者の生き方をする人たちを育てたいと考えています。

では、ていねいに生きるとは、どういう生き方なのでしょう。数年前、私は「ひとのいのちも、ものも、両手で頂きなさい」という言葉に出合いました。そしてこれは、私に、ていねいに生きる一つのヒントになりました。

誰が考えても良いもの、ありがたいもの、例えば賞状、卒業証書、花束等を両手で頂くのには、何の抵抗もないでしょう。しかし、自分が欲しくないものだと、そうはいきません。拒否したい、突き返したいようなものが差し出された時、果たして、それらを受け止めるだけでなく、両手で頂く心になれるだろうか、と私は、自分に問いかけ続けています。

聖書の中に、「神は真実な方です。あなたがたを耐えられないような試練に遭わせることはなさらず、試練と共に、それに耐えられるよう、逃れる道をも備えていてくださいます」（コリントⅠ・10・13）とあります。

私たちの創立者ジュリー・ビリアートは、まさに、この聖書の言葉を信じて、自分に与えられた数々の試練、二十年余におよぶ病苦、宗教的迫害、教会関係者の無理解と中傷等を、「両手で頂き続け」、ほほえみを忘れず、「善き神のいかに善きこと」と言い続けて、六十余年の生涯を終えた人でした。したがって、「ていねいに生きる」ことは、この大学の建学の精神となっているのです。

何事にもリハーサルをしておくと、本番で落ち着いていられるように、大きな死のリハーサルとして、〝小さな死〟を、生きている間にしておくことができます。

〝小さな死〟とは、自分のわがままを抑えて、他人の喜びとなる生き方をすること、面倒なことを面倒くさがらず笑顔で行うこと、仕返しや口答えを我慢すること等、自己中心的な自分との絶え間ない闘いにおいて実現できるものなのです。

「一粒の麦が地に落ちて死ねば多くの実を結ぶ」ように、私たちの〝小さな死〟は、いのちを生むのです。

聖フランシスコの「平和の祈り」は、「主よ、私を、あなたの平和のためお使いください」という祈りの後に、記しています。

慰められるよりも慰めることを
理解されるよりも理解することを
愛されるよりも愛することを　望ませてください。
　私たちは
与えることによって与えられ
すすんで許すことによって許され
人のために死ぬことによって

永遠に生きることができるからです。

このように、〝小さな死〟はいのちと平和を生み出します。それは、マザー・テレサが求めていた〝痛みを伴う愛〟の実践でもあるのです。被災者が一日も早く安心できる生活に戻れるための救援物資、募金、奉仕もさることながら、私の今日の〝小さな死〟を、神は喜んで使ってくださいます。日々の生活に否応なく入り込む一つひとつのことを、ていねいに頂くことで、痛みながら、平和といのちを生み出していきましょう。

（２０１１年10月31日　第１７４号）

文明災について考える

十年ほど前のことです。朝、一人の校長から電話があって、生徒の死の知らせを受けました。その折、校長はこの生徒には入学以来、事あるごとに、いのちの大切さについて話してきたのに、と言って嘆いていました。

その数週間後だったと思います。岡山の大学で集中講義をしていたこともあって、学生たちと一緒にあらためて生命について考える時間を持ちました。

その日の授業の感想文の中に一人の大学二年生が書いてくれました。「最近のテレビのＣＭです。『生命は大切だ。生命を大切に。そんなこと何千何万回言われるより、〃あなたが大切だ〃誰かにそ

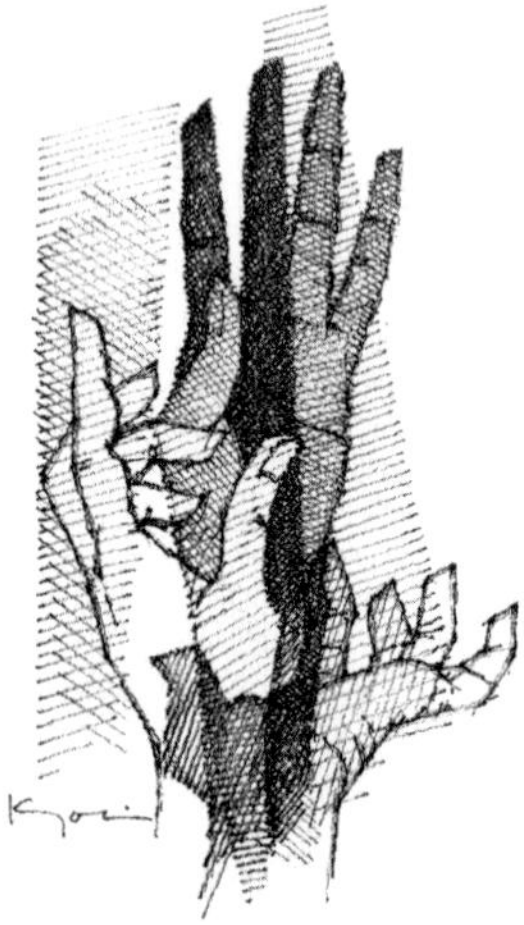

う言ってもらえるだけで、生きていける』」

続けて学生は書いていました。「最近になって、この言葉の意味を実感しました。『私は大切だ』そう思うだけで、私はどんどん丈夫になっていきます」

折も折だったからでしょう、私はこのメモから本当に大切なことを教えられた思いがしました。生徒や学生が求めているのは、きれいな言葉やスローガンではない。教訓でもない。自分を〝ごたいせつな一人〟として抱きしめる愛なのだということを。

この学生は、きっと誰かに〝あなたが大切〟と抱きしめられて丈夫になったのでしょう。数年後に卒業してゆきました。

九州のある小学一年生の女子の話です。ある日、女の子が学校から家に戻ると、「今日の宿題は」と父親に尋ねられます。「今日はね、誰かに抱っこしてもらうこと」と答えた女の子を父親は「よーし」と言ってすぐに、しっかり抱いてやりました。そしてその後も、母親、祖父、祖母、姉たちに次々と抱っこされたのです。

翌日、学校から戻った女の子は、六人に抱っこしてもらった自分が、一番だったと父親に報告します。「皆、してきたんだね」という父親に、「ううん。六人して来なかった。先生が、前に出なさいと言って前に出たんだ。そしたら先生が、一人ひとりを抱っこしてやったんだよ」。

宿題をして来なかった子どもたちを叱るでもなければ咎《とが》めるでもなく、親の代わりに抱っこしてやった先生の姿に、私は心温まる思いがしました。そして私たちの大学を出て教職につく一人ひとりが、こんな先生になってほしいと思ったことでした。

東日本大震災の後で、一人の学識者がこう言っていました。「今や我々は、天災、人災、文明災にさらされている」

たしかに、目覚ましい文明の発達は、私たちに多くの利便を与えています。そのおかげを受けている私たちは、時に、それがもたらした〝災害〟も考えてみる必要がありはしないでしょうか。例えば、人間性の劣化です。

マザー・テレサは言いました。「愛の反対は憎しみではなく、無関心だ」と。イヤホンを耳に廊下を歩いていた学生は、あいさつを返してくれませんでした。多分自分だけの世界に没入していたのでしょう。メールやスマホを一心に見つめ、操作している学生に、本を読んだり、友人と議論し合ったりする時間とゆとりがあるのでしょうか。

抱っこの宿題を我が子にしてやれない親、肩から掛けた「だっこぬの」の中で幼児に乳首をあてがいながら、自分は一心にメールを打っている母親に育てられた幼児は、満腹はしても、心の満足は味わっていないのではないでしょうか。

この大学は、〝あなたが大切〟と抱きしめる愛、乳をふくませながら幼児を見つめ、ほほえみかける愛を持つ母親、便利な機器を駆使しながらも、機器の奴隷でなく、主人であり続ける人たちを育てたいのです。それは、この大学が大切にしたい建学の精神の具体的な姿であるからなのです。

（2013年10月31日　第182号）

人生の穴

人生には、思いがけず穴がぽっかり開くことがあります。それは、愛する人の死であったり、挫折、失敗、病気等、さまざまですが、決して嬉《うれ》しいものではありません。穴が開いたばかりに、足もとを用心して歩かなければいけなくなったり、そこから隙間風が吹いてきたりもします。

旧約聖書に「ヨブ記」という一章があり、その中に、ヨブという、神に対しても人に対しても、正しい行いをしていた人が、大きな災難にあって、家屋敷、財産はおろか、自分の子どもたちも失ってしまったことが書かれています。

このような災難に遭っても、ヨブは神を恨みません。「主は与え、主は奪う。主のみ名はほむべ

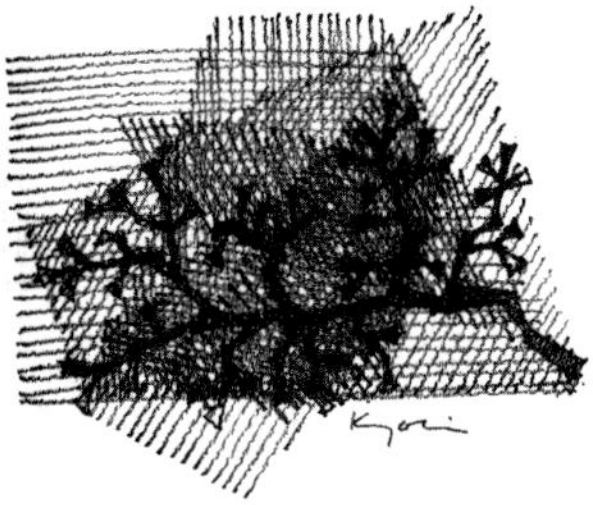

きかな」とさえ言うのでした。

浅野順一という方が、「ヨブ記　その今日への意義」（岩波新書）に、ヨブの受けた試練について書かれ、その中に人生の穴について触れておられます。つまり、人間一人ひとりの生活には、大なり、小なり穴が開く。宗教もその穴を埋めるのに無関係ではない。しかし「むしろ、その穴から何が見えるかということが、もっと重要なのだ。穴が開くまでは見えなかったものを、その穴から見ることが大切なのだ」と書いておられます。

健康だった時には見えなかったものが、穴が開いたがゆえに見えるようになったということもあるでしょう。肉眼では昼間見えない星影が、深くて暗い井戸の底には映って見えるということもあるのだそうです。

私は講義の中で、人生の穴の話をしたことがありました。夏休みの後、一人の四年生が講義の後で来て、休みの間に自分の人生に穴が開いたと話してくれました。

婦人科の手術を受けざるを得なくなり、受けた。手術は成功だったが、結果として子どもが産めなくなったかもしれないと告げられた。ところが、自分と結婚する予定の相手は、無類の子ども好きなので、自分は悩んだ。悩んだ末、打ち明けたところ、相手はこう言った。「僕は、赤ちゃんが産める君と結婚するんじゃない。君と結婚するんだ」

そこまで話して、この学生は涙を流しながら「人生に穴が開いたおかげで、相手の真の愛がわかりました」と話してくれました。穴の開かない人生はあり得ないでしょう。その時には、穴が開いた悲しさ、苦しさをしっかり味わったらいいと思います。しかし、いくら悲しんでも変わらない穴だとしたら、そこで発想を転換して、穴の持つ意味を考え、開いたがゆえに見えるものを見てみましょう。

聖書のヨハネ九章に、この転換の例が出ています。一人の生まれつき目の不自由な男がキリストのもとに連れて来られ、人々はキリストに尋ねます。「なぜ、この男の目は生まれつき不自由なのですか。この男の罪のせいですか。両親の罪のせいですか」キリストは答えます。「そのどちらでもない。この男の目が見えないのは、神の業がこの人の上に現わされるためである」。そしてこの男の目に触れて、見えるようにしておやりになりました。私は習いました。「なぜ」と問うことも大切かもしれない。しかし「何のために」と問うことが、もっと大切だということを。つまり、穴が「なぜ」開いたかという原因追及も必要だろうが、「何のために開いたのか」を忘れてはいけないということです。

大正時代の歌人九条武子さんが詠んでいらっしゃいます。

いだかれて　ありとも知らず　おろかにも
われ反抗す　大いなるみ手に

人生には必ず穴が開くことがあります。その時、「なぜ、なぜ」と問いただす自分の発想を転換して、「何のために」と考えてみること。穴から、それまで見えなかったものに気づかせてもらうこと。ヨブのように、どんなことがあっても見捨てることのない、神の無限の愛に信頼することが求められています。

（2014年10月31日　第186号）

周辺のカルカッタ

今はもう無理ですけれど、この大学に赴任して、若かった頃には毎年のように四月から五月の連休にかけて、街頭募金に参加したことがありました。

ある年のことです。いつものように岡山駅周辺での募金に立とうと思い、「一緒に行ってくれない」と学生たちを誘い、結構たくさんの人たちが、応援してくれたものでした。今でも忘れられないのは、その折り一人の学生が「いやです」と言ってから、「どうせ自己満足のためでしょう」と言った言葉です。

「したくなければ結構よ」と言いながら、私は考えました。自己満足は必ずある、でもあっても

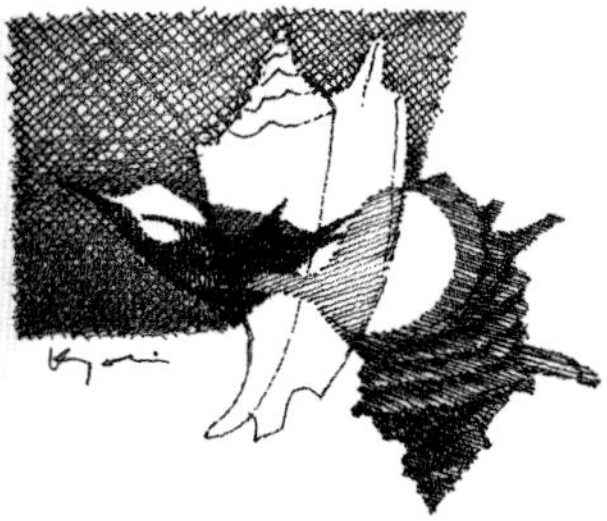

いいじゃないか。「少しくらい、自己満足があっても、行かないより行った方がいい。私は呼ばれたところに行きます」

話は一九八四年に飛びます。マザー・テレサは三度目の来日で、岡山にも立ち寄って、待ち構えていた学生たちにカリタスの外の階段の上からお話をしてくださいました。その内容は、ひたすら、家庭を大切にすること、祈りを忘れないこと、皆互いに愛し合うこと、といったものでした。しかし、マザーのお人柄から出る言葉、愛のほとばしりに、学生たちは、身じろぎもせずに聞き入ったものです。

そのすぐ後、学生たちの数人が、自分たちは奉仕団を作って、カルカッタ（現・コルカタ）に奉仕に行きたいから、マザーにお願いしてくださいと、私のところへ来ました。それほどに、マザーの言葉には人を動かす力がおありだったのです。

その学生たちの申し出にマザーは、顔いっぱいに笑みを浮かべてこうおっしゃいました。「ありがとう。とても嬉《うれ》しい。でも、わざわざ航空運賃をかけてカルカッタまで来なくてもいいのですよ。むしろあなたたちの周辺にある〝カルカッタ〟で喜んで働く人になってください」。かくて、奉仕団は結成されませんでした。

一年半近い月日が流れました。ある日のこと、私は教師になった一人の卒業生から一通の手紙を受け取りました。そこには、こんなことが書かれていたのです。

「今年ようやく私も卒業生を送り出す立場になりました。その中の一人が、私に向かってこう言ったのです。『先生だけは、私を見捨てないでくれた。ありがとう』そしてそのまま校門から出ていきました」

その女子生徒は、家庭的にも、学業的にも事情があって、他の教師たちには〝お荷物〟と見なされていた生徒だったそうです。ところが、この新卒教師だけは、その女子生徒を無視することなく、教室で目が合えば「よく来たね、座っているだけでいいんだよ」とほほえみを通して伝えたというのです。

「先生だけは、私を見捨てないでくれた」という女子生徒の言葉を、マザー・テレサがお聞きになったら、どんなにお喜びになったかしれません。そして実は、この卒業生こそは、奉仕団を作ってほしいといった学生の一人だったのです。「周辺のカルカッタ」を、自分の教室内に見いだした卒業生を、私は誇りに思います。

周辺のカルカッタで働くこと、たとえそこに自己満足があってもいいのです。自己満足のためにするのではなくて、困っている人、私の優しさを必要としている人がいるなら、まず自分を差し出すこと。自己満足を恐れて何もしないより、よほど必要なことではないでしょうか。

あなたの周辺に〝カルカッタ〟がないでしょうか。そこで働いているでしょうか。一人ひとり自分を振り返ってみましょう。案外、カルカッタは身近にある時があります。自分が、良い格好をするためではなくて、いじめられている子を守ってやること、ご老人に手を貸して、荷物を持ってあげること。カルカッタは、いろいろの様式で、思いがけないところにあるのです。

その時、自己満足は後から来てもいいのです。神さまに「ありがとうございます。良いことができました」とお礼を言いましょう。いつ、自分がカルカッタの住民になるかわからないのですから。

（2015年10月31日　第190号）

年譜

年譜（**特太字**は渡辺さん、**太字**はノートルダム清心女子大関係）

一九二七（昭和2）年　**北海道・旭川に生まれる**（2月11日）
三一（昭和6）年　**満州事変始まる**
三二（昭和7）年　「満州国」建国
「五・一五事件」。海軍将校らが犬養毅首相らを殺害。政党内閣時代終わる
三三（昭和8）年　満州国を認めない国際連盟を脱退
成蹊小学校に入学
三六（昭和11）年　「二・二六事件」。陸軍将校らがクーデター。**陸軍大将の父・錠太郎殺害される**
三七（昭和12）年　**日中戦争始まる**
三八（昭和13）年　国家総動員法公布
三九（昭和14）年　**雙葉高等女学校に入学**
ドイツがポーランドに侵攻、第2次世界大戦勃発
四〇（昭和15）年　日独伊三国同盟調印
大政翼賛会が発足
四一（昭和16）年　**太平洋戦争始まる**
四二（昭和17）年　ミッドウェー海戦、日本海軍敗退
四三（昭和18）年　イタリアが無条件降伏

四四（昭和19）年　**聖心女子学院専門学校**（国語科）**に入学**
サイパン島の3万人全滅
神風特攻隊、初めて米艦に突撃
四五（昭和20）年　東京大空襲　沖縄本島に米軍上陸
カトリックの洗礼を受ける（4月5日）。洗礼名（マグリット・マリー）
山梨・韮崎に疎開（5月）
ドイツが無条件降伏
米軍が広島、長崎に原爆投下　天皇、戦争終結の玉音放送
占領統治始まる
四六（昭和21）年　日本国憲法公布（翌年5月に施行）
インフレ、食糧不足深刻化
四七（昭和22）年　**聖心女子学院専門学校**（英語科）**に再入学**
教育基本法公布（6・3・3・4制、男女共学を規定）
四八（昭和23）年　**新制・聖心女子大学2年に編入**（1期生）
（同級生に元国連難民高等弁務官の緒方貞子さん、イタリア文学者の故・須賀敦子さんら）
米、対日民主化政策を転換。「反共の防壁に」
四九（昭和24）年　インフレ収束策のドッジライン下で人員整理・倒産相次ぐ
シャウプ勧告（税制の近代化）

五〇（昭和25）年　朝鮮戦争始まる
　　　　　　　　　レッドパージ始まる
五一（昭和26）年　サンフランシスコ講和条約、日米安全保障条約調印
　　　　　　　　　朝鮮特需が復興を後押し
五二（昭和27）年　講和条約発効。沖縄、奄美、小笠原を除き主権回復
五三（昭和28）年　奄美群島、日本に返還
五四（昭和29）年　**上智大学大学院修士課程修了**（西洋文化研究科）
　　　　　　　　　自衛隊発足
五五（昭和30）年　自由民主党結成、55年体制始まる
五六（昭和31）年　経済白書が「もはや戦後ではない」。五〇年代後半から三種の神器（洗濯機、冷蔵庫、白黒テレビ）が流行語に
　　　　　　　　　ナミュール・ノートルダム修道女会に入会（9月8日）。修道名（セント・ジョン）
五八（昭和33）年　**米・ボストンへ派遣**
五九（昭和34）年　皇太子（現天皇陛下）ご成婚
六〇（昭和35）年　安保闘争
　　　　　　　　　池田内閣、国民所得倍増計画を閣議決定
六二（昭和37）年　**ボストンカレッジで博士号**（教育哲学）**取得**（6月11日）
　　　　　　　　　帰国（7月）

ノートルダム清心女子大に教授として赴任（8月）、**岡山の地へ**

六三（昭和38）年　高度成長政策により経済力急伸

六四（昭和39）年　**3代目学長に就任**（10月14日、1990年3月退任）

家政学部（現・人間生活学部）に児童学科を新設（初代学科長に江草安彦氏）

東海道新幹線開業

東京オリンピック開催

六五（昭和40）年　**大学付属幼稚園開園**

日韓基本条約調印、国交正常化へ

六六（昭和41）年　3C（カラーテレビ、カー、クーラー）が新三種の神器に

六七（昭和42）年　**大学付属小学校開校**

公害対策基本法公布

六八（昭和43）年　小笠原諸島、日本に復帰

GNP（国民総生産）世界2位に

六九（昭和44）年　**国際大学会議（ウィーン）に出席**

大学創立20周年、学内に中央研究室館（現・ジュリーホール）新築

政府が大学に介入し、大学紛争を収拾するための「大学運営に関する臨時措置法」を公布

七〇（昭和45）年　大阪万博

七一（昭和46）年　**母・すゞ死去**（12月24日、87歳）
アロイシャス・ミラー神父　急逝（1月24日、60歳）
沖縄返還協定調印（翌年5月に日本に復帰）
学報「ＮＤ Ｂｕｌｌｅｔｉｎ」発行
繁栄の陰で公害問題が深刻化
七二（昭和47）年　札幌で冬季オリンピック
山陽新幹線、新大阪—岡山開業
日中共同声明に調印、国交正常化へ
七三（昭和48）年　第1次石油ショックで物価高騰
七四（昭和49）年　**岡山県文化賞**（学術部門）**受賞**
ブラジル講演旅行
戦後初のマイナス成長
七六（昭和51）年　**ナミュール・ノートルダム修道女会日本管区長に就任**（1979年3月退任）
ロッキード事件発覚
戦後生まれ、総人口の半数を超える
七七（昭和52）年　**うつ病で入院**
カラオケ大流行
平均寿命で世界一に

七九（昭和54）年　**山陽新聞賞**（教育功労）**受賞**
国公立大学で初の共通1次試験を実施
第2次石油ショック
八〇（昭和55）年　**マレーシア第1回奉仕団派遣**
校内暴力、家庭内暴力が急増
八三（昭和58）年　東京ディズニーランド開園
八四（昭和59）年　**学内にカリタスホール完成**
八五（昭和60）年　**マザー・テレサ来岡、通訳務める**
日航ジャンボ機墜落事故
八六（昭和61）年　**「仏心会」**（「二・二六事件」で処刑された遺族らで組織）**の追悼法要に参列**
男女雇用機会均等法施行
チェルノブイリ原発事故
八七（昭和62）年　国鉄が分割民営化
八八（昭和63）年　瀬戸大橋が開通
リクルート事件発覚
八九（平成元）年　**岡山県三木記念賞を受賞**
冷戦終結
消費税（3%）導入

九〇（平成2）年　第1回の大学入試センター実施
学長退任、学校法人・ノートルダム清心学園理事長に就任（現在に至る）。**東京修道院**（吉祥寺）**へ**
九一（平成3）年　バブル崩壊、「失われた10年（20年）」へ
湾岸戦争始まる
大学生数が200万人を突破
九二（平成4）年　**日本カトリック学校連合会理事長に就任**（2001年5月退任）
国連平和維持活動（PKO）協力法案成立
国公立小・中・高校、第2土曜日休校に
九三（平成5）年　衆院選で自民敗北、55年体制終わる
膠原《こうげん》病で入院
九五（平成7）年　阪神・淡路大震災
地下鉄サリン事件
インターネットが急速に普及
九六（平成8）年　日本版金融ビッグバン構想発表
マザー・テレサ死去、インド・カルカッタ（現・コルカタ）**へ**
九七（平成9）年　消費税3%から5%に引き上げ
北海道拓殖銀行、山一証券が破綻。アジア通貨危機拡大

九八（平成10）年　長野で冬季オリンピック
　　　　　　　　　完全失業率が初めて4％台に
二〇〇一（平成13）年　米国で同時多発テロ
　　　　　　　　　米、アフガニスタン空爆開始
〇二（平成14）年　「ゆとり教育」スタート
〇三（平成15）年　イラク戦争始まる
〇五（平成17）年　個人情報保護法施行
　　　　　　　　　郵政民営化関連法案が成立
〇七（平成19）年　リーマン・ショックで株価下落
〇八（平成20）年　**骨粗しょう症のため、東京修道院から岡山へ**
一一（平成23）年　東日本大震災
一二（平成24）年　**「置かれた場所で咲きなさい」刊行、200万部を超すロングセラーに**
一四（平成26）年　消費税8％に
一五（平成27）年　パリ同時多発テロ

山陽新聞朝刊掲載日一覧

序章「二・二六事件」を訪ねて

荻窪界隈　衝撃のクーデター勃発（2015年2月26日）
歴史の証人「岡山」との不思議な縁（2015年2月27日）
あの日「最期みとれ幸せだった」（2015年2月28日）

第一部　戦渦の中で

誕生秘話　複雑だった両親の胸中（2015年3月6日）
学者将軍　給料の大半を書籍代に（2015年3月7日）
教育総監　軍紀の粛正に信念貫く（2015年3月13日）
無念の死　本務は非戦平和にあり（2015年3月14日）
気丈な母　大将夫人の矜持を示す（2015年3月15日）
成蹊時代　気に入った自由な校風（2015年3月20日）
お転婆娘　お嬢さまになじめない（2015年3月21日）
思春期「新しい人」になりたい（2015年3月22日）
嫌な私　和子さんは、鬼みたい（2015年3月27日）
神頼み　自我欲からの変身願望（2015年3月28日）
洗礼　神の子として新たな命（2015年3月29日）
天との約束　地上から父の浄化願う（2015年4月3日）
疎開　読書だけが慰めだった（2015年4月4日）
敗戦の日　ひそかな解放感に浸る（2015年4月5日）

第二部　敗戦を越えて

タケノコ生活　お金のないつらさ実感（2015年5月16日）
先見の明「これからは英語」と母（2015年5月17日）
厳しき恩師　自立した新しい女性に（2015年5月22日）
英語力アップ　屈辱ばねに猛レッスン（2015年5月23日）
バイト探し　家計と学業　秤にかけて（2015年5月24日）
運命の人　人智超えた優しい摂理（2015年5月29日）
多忙な日々　付いたあだ名は洗濯板（2015年5月30日）
脱「女大学」平等と笑顔に目覚める（2015年5月31日）
キャリアウーマン　身にまとう新時代の風（2015年6月5日）
修道院へ　洗礼から十一年目の決断（2015年6月6日）
信仰の道　清貧、貞潔、従順を誓う（2015年6月7日）

母の背中　気丈に生きた苦労刻む（2015年6月12日）
鐘と共に　祈りと単純作業の日々（2015年6月13日）
渡米　見送る母の寂しさ思う（2015年6月14日）
修練長の教訓　You are wasting time（2015年6月19日）
努力の結晶　必死の思いで博士取得（2015年6月20日）
帰国　有意義だった滞米生活（2015年6月21日）

第三部　岡山の地で

美しい大学　自由人の育成に心砕く（2015年8月8日）
よそ者　肩身狭く、困惑ばかり（2015年8月9日）
学長就任　予期せぬ抜てきに驚き（2015年8月14日）
くれない族　余裕と自信失い悪循環（2015年8月15日）
詩の心　変わらなければ、同じ（2015年8月16日）
終生誓願　修道者の宿願を果たす（2015年8月21日）
拡大・発展期　独立独歩の体質に改善（2015年8月22日）
河野牧師　その温顔に元気もらう（2015年8月23日）
ウィーン会議　講演で「心の問題」提起（2015年8月28日）
最後の一夜　娘に戻って母に添い寝（2015年8月29日）
追憶　大きな愛思う母の形見（2015年8月30日）
神父の死　突然の訃報に言葉失う（2015年9月4日）
ブラジルの旅「人間らしさ」を考える（2015年9月5日）
人生の穴　病得て人の優しさ知る（2015年9月6日）
美智子さま　末席の心に人柄にじむ（2015年9月11日）
マレーシア奉仕団　学生の発意で国際交流（2015年9月12日）
マザー来岡　祈りの人の神髄を見る（2015年9月13日）
和解　苦悩の半世紀に区切り（2015年9月18日）
恩讐を越えて　かみしめた聖書の教え（2015年9月19日）
学長退任　新たな旅路のスタート（2015年9月20日）

第四部　よりよく生きる

健康の秘訣　朝昼晩の「祈り」が日課（2015年11月13日）
帰京　仕事減って身持て余す（2015年11月14日）
大改革　慢性赤字の解消へメス（2015年11月15日）
御巣鷹の悲劇　伝え続けたい命の重さ（2015年11月20日）
膠原病　顔で笑って心で泣いて（2015年11月21日）
圧迫骨折　三度繰り返し身長縮む（2015年11月22日）
マザーの死　胸に刻んだ「無私の愛」（2015年11月27日）
ロングセラー　人生励ますヒント満載（2015年11月28日）
生涯現役　今日が私の一番若い日（2015年11月29日）

あとがき

本書は二〇一五年二月二十六日から、十一月二十九日まで、六十三回にわたって山陽新聞の朝刊に連載した「強く、しなやかに　渡辺和子と戦後70年」をまとめたものです。併せて、ノートルダム清心女子大学の学報に渡辺和子さんが綴った随想二十編を「折々の記――理事長として」と題して収めました。

昭和史において、軍が暴走を始め、戦争へと突き進む大きな転機となったのが昭和十一年の二・二六事件です。陸軍教育総監の要職にあった父を持つ当時九歳の渡辺さんは、自宅を襲われ、眼前で最愛の父を失いました。

新聞連載をスタートさせたのは、事件当日にあたる二月二十六日付。長じて洗礼を受けてシスターとなり、三十代半ばで岡山に赴任し、ノートルダム清心女子大学の学長に抜てきされて、半世紀余り。重圧や病、老いと向き合いながら、渡辺さんは人の心に寄り添ってこられました。多難な時代を乗り越え、今も生涯現役を貫く姿を紙面で追い続けました。

記事としてまとめたのは、特別編集委員の国定啓人記者です。インタビューを何度も重ねて、深遠な内容を解きほぐし、心に響く文章に置き換えてくれました。行間には、渡辺さんが味わった深い苦悩と孤独がにじみ出ているように思います。それだからこそ、彫琢された一言一言が重く、滋味にあふれ、読む者の胸に迫ってきます。

近年、これほど反響が大きかった新聞連載はなかったといえるでしょう。「深い感銘の中で、正座して拝読しています」「渡辺和子先生が言われる『今日が私の一番若い日、強くしなやかに生きる〜』ということを胸に生活していきたい」――。そんな共感と感動の投書が山陽新聞に多く届きました。連載終了とともに、「ぜひ、本に」と望む声も寄せられました。

出版にあたり、連載記事を収録するだけでなく、渡辺さんの肉声をより多くの人に伝えたいと考え、大学報に渡辺さん自身が執筆された随想を加えました。また、渡辺さんが敬愛してやまない洋画家・竹内清さん(二〇〇八年没)の作品を挿画として使わせていただきました。竹内さんは岡山のグラフィックデザインの草分けとしても活躍され、ノートルダム清心女子大学の教授も務められました。本書が竹内さんの業績の一端を知っていただく機会にもなれば、望外の喜びです。

新聞の連載、出版では、多くの方々にひとかたならぬご協力をいただきました。取材、撮影などで多大なご尽力をいただきましたノートルダム清心学園や関係の皆様に心より厚くお礼を申し上げます。紙数の都合で、お名前を記すことができませんが、お世話になりました個人・団体の皆様に、この場を借りまして、深く謝意を表します。

本書に収めた写真の多くは渡辺さんや学園から、ご提供いただきました。近影などは、弊社写真映像部の田村文明、池上勝哉各カメラマンが担当しました。

今年は二・二六事件からちょうど八十年にあたります。本書を通じて、一人でも多くの読者が渡辺さんの誠実な歩みに触れ、生きる糧にしていただければ、幸いです。

二〇一六年一月

山陽新聞社編集局長　日下知章

「強《つよ》く、しなやかに　――回想《かいそう》・渡辺和子《わたなべかずこ》」

2016年3月1日　初版第1刷発行

編著者　山陽新聞社《さんようしんぶんしゃ》　© Sanyo Shimbunsha 2016
渡辺和子《わたなべかずこ》　© Kazuko Watanabe 2016

発行人　佐々木善久

発行所　株式会社山陽新聞社
〒700-8534 岡山市北区柳町二丁目1番1号
電話(086)803-8164　FAX.(086)803-8104

装丁・デザイン　尾上光宏

印刷所　山陽印刷株式会社

製本所　日宝綜合製本株式会社

ISBN978-4-88197-745-3